ATRACONES

Métodos y estrategias simples para mantener la alimentación consciente

CATHRINE KOWAL

© Copyright 2020 - Todos los derechos reservados

Ninguna parte de este libro puede ser reproducida mecánicamente, electrónicamente o por cualquier otro medio, incluyendo fotocopias sin el permiso por escrito del autor o del editor.

Bajo ninguna circunstancia se tendrá ninguna culpa o responsabilidad legal contra el editor, o autor, por cualquier daño, reparación o pérdida monetaria debido a la información contenida en este libro. Ya sea directa o indirectamente.

Aviso legal:

Este libro está protegido por derechos de autor. Este libro es sólo para uso personal. No puede modificar, distribuir, vender, usar, citar o parafrasear ninguna parte, o el contenido de este libro, sin el consentimiento del autor o editor.

Aviso de exención de responsabilidad:

Tenga en cuenta que la información contenida en este documento es solo para fines educativos y de entretenimiento. Se ha ejecutado todo el esfuerzo para presentar información precisa, actualizada y confiable y completa. No se declaran ni implican garantías de ningún tipo. Los lectores reconocen que el autor no está participando en la prestación de asesoramiento legal, financiero, médico o profesional. El contenido de este libro se ha derivado de varias fuentes. Consulte a un profesional con licencia antes de intentar cualquier técnica descrita en este libro.

Al leer este documento, el lector acepta que bajo ninguna circunstancia el autor es responsable de las pérdidas, directas o indirectas, que se incurran como resultado del uso de la información contenida en este documento, incluyendo, pero no limitado a, — errores, omisiones o inexactitudes.

Tabla de Contenidos

Introducción 1
   ¿Quién debe preocuparse? 3
   Causas de los trastornos alimentarios 4

Capítulo 1: Comer Atracones 101 9
   El significado de la palabra 'Atracón' 10
   Características de un Atracón 11
   Diagnóstico del trastorno de la alimentación por atracón 17
   Diferentes tipos de Atracones 20
   Cómo nace un atracón 22
   El vínculo entre la obesidad y el atracón 28
   ¿Qué construyó el puente de la obesidad-atracón? 30

Capítulo 2: ¿Qué tan común es el trastorno por atracón? 35
   ¿Quién está en riesgo de trastornos de la alimentación
     por atracón? 36
   ¿Naturaleza o crianza? 39

Capítulo 3: Etnia, Raza y Atracón 43

¿Es realmente una cosa occidental? 43

¿Existe una conexión entre los trastornos de la alimentación y la raza? 44

¿Son conscientes los profesionales de la salud de que los no occidentales tienen trastornos de la alimentación? 45

Diferencias notables entre los hábitos alimenticios y la reacción al peso entre los principales grupos étnicos de Estados Unidos 46

¿Funciona un enfoque de un solo tamaño para el tratamiento? 48

Cómo se relacionan las minorías y los trastornos de la alimentación 49

Capítulo 4: La ciencia de comer atracones 51

Capítulo 5: Vivir con trastorno de la alimentación por atracón 57

¿Soy un Atracador? 61

Diferentes maneras en que tu cuerpo sufre como un atracón 64

Ciclo de purga del atracón 73

Capítulo 6 79

Atracón en la mediana edad 79

Pérdida de peso y vejez 80

Perder la lucha por la juventud y más 81

Presentamos la "Generación Sándwich" 82

La pérdida se convierte en la emoción más sentida 82

Capítulo 7: Trastorno de la alimentación por atracón en los hombres 87

Reconocer y aceptar que los chicos pasan por los episodios de comer atracones 88

La diferencia entre hombres y mujeres con trastornos de la alimentación por atracón 89

Factores de riesgo para los hombres 92

Cómo los hombres escapan del diagnóstico de Atracón 96

Ser hombre en un mundo de tratamiento conectado para mujeres. 99

Capítulo 8: Atención Plena **101**

Entender el significado de Atención plena 102

Mirando la meditación consciente 105

¿Qué es la alimentación consciente? 107

Cambio de la alimentación del piloto automático 111

Estar atento 112

Uso de la Atención plena para ayudarte 114

Permitir que el espacio sane 116

Capítulo 9: Frutos de los beneficios de comer conscientemente **119**

Prepararse para la atención plena 132

Mirando más allá de la resolución de problemas 133

Afinando su compromiso 134

Dominar la autodisciplina 137

Capítulo 10: Pautas simples para la alimentación consciente **141**

Cómo reducir el ritmo rápido de su alimentación y bebida 144

Capítulo 11: Sistemas de soporte **153**

Componentes de un sistema de soporte de trastornos de la alimentación de atracón 154

Cómo formar un sistema de soporte para comer Atracón 154

Apoyar a un ser querido con Atracón 156

Conclusión **159**

Referencias **161**

Introducción

Si estás leyendo esto, significa que estás buscando información sobre trastornos alimenticios que no pudiste encontrar en Google.

Desafortunadamente, vivimos en una sociedad que promueve la delgadez como un estándar de belleza deformado, que es particularmente extraño, ya que los estadounidenses siguen ganando más y más peso de lo habitual, incluso mientras están tan preocupados por su peso tan a menudo como tienen el tiempo. Para algunas personas, esto sucede cada 5 minutos.

Antes de saltar a comer atracones, echemos un vistazo al paraguas que se encuentra: trastornos alimenticios. Los trastornos alimenticios generalmente se llevan a los extremos, lo que conduce a comportamientos alimenticios extraños que inevitablemente afectan su bienestar y no positivamente. Hay tres tipos principales de trastornos de la alimentación. Voy a enumerar y explicar brevemente, sólo el conocimiento de la superficie.

Los pacientes con **anorexia nerviosa** han deformado imágenes mentales e incluso físicas de sus cuerpos físicos. Este trastorno los empuja a querer arrojar este 'peso' incluso cuando es obviamente inexistente. Bueno, obvio para todos menos para ellos. Esto resulta en entrenamientos compulsivos, hambrientos durante períodos peligrosos de tiempo, saltarse las comidas a menudo, o incluso la simple negativa a comer delante de las personas.

Los pacientes con **bulimia nerviosa** están en un círculo completamente diferente. En realidad comen, incluso en grandes cantidades, pero luego siguen adelante para librar a sus cuerpos de lo que consumieron de cualquier manera posible. Algunos preferirían purgar, otros sólo usarían enemas, diuréticos, ejercicio compulsivo, laxantes y vómitos. Algunos otros pasarían por todas estas opciones para eventualmente conformarse con los más efectivos en ese momento.

Las personas con trastorno por **atracones** pasan por episodios de alimentación fuera de control al igual que las personas con bulimia nerviosa. Técnicamente, comen como maníacos, pero la diferencia entre los trastornos es que los comensales de atracones no sienten la necesidad de deshacerse de las calorías vomitando o purgando. Realmente no les importan las calorías. No estoy seguro de que se den cuenta.

Sólo una nota rápida - hay ciertos trastornos de la alimentación que no encajan del todo en la factura para comer atracones, anorexia o bulimia, pero eso no cambia el hecho de que son trastornos de la alimentación. Todavía no tienen una categoría finita. El punto de toda esta jerga es la conciencia y la prevención de comportamientos inusuales que inevitablemente conducirán a un trastorno de la alimentación. Tomemos como ejemplo la bulimia y la anorexia; estos generalmente comienzan con programas estrictos de pérdida de peso o incluso una dieta más estricta. Por lo general, comer atracones es precedido por atracones básicos de vez en cuando. Una galleta hoy, un cruasán mañana. Sin embargo, una vez que estos comportamientos ocasionales comienzan afectando negativamente la salud física y mental de una persona, es hora de hacer una visita al psicólogo. Particularmente uno capacitado en las causas y tratamientos de los trastornos de la alimentación

¿Quién debe preocuparse?

El Instituto Nacional de Salud Mental dice que estos problemas afectan principalmente a la población femenina, pero les guste o no, los hombres también se ven afectados. Es fácil suponer que los hombres no están tan preocupados por su imagen como las mujeres, ya que se espera automáticamente que sean menos frágiles y triviales, pero los hombres son igual de vulnerables.

Los estudios muestran que más de una cuarta parte de los casos de anorexia adolescente le ocurren a los niños. Es posible que las familias y los amigos nunca sospechen que una persona con un trastorno de la alimentación se debe principalmente a que estas personas entienden la anormalidad de su comportamiento y, por lo tanto, se involucran en secreto. También pueden llegar tan lejos como cortar los lazos sociales e incluso negar la naturaleza problemática de sus hábitos alimenticios. Uno puede y debe ser diagnosticado sólo por un psicólogo capacitado o profesional de salud mental.

Causas de los trastornos alimentarios

Ciertos rasgos de personalidad y factores psicológicos pueden hacer que una persona sea más propensa a tener malos hábitos alimenticios. Problemas como sentimientos de impotencia, imagen corporal distorsionada y baja autoestima pueden predisponer a una persona a los trastornos de la alimentación. Sin embargo, ciertos rasgos se han relacionado con trastornos específicos. La anorexia, por ejemplo, suele afectar a los perfeccionistas, mientras que las personas bulímicas son casi siempre impulsivas. Los factores genéticos también están involucrados, pero no voy a entrar en eso hoy.

Ciertas situaciones que pueden dar lugar a trastornos de la alimentación son

- bullying

- Repetidamente estar avergonzada por amigos y familiares.
- Incapacidad para participar en ciertas actividades físicas debido al peso.
- Sentimientos negativos o estrés postraumático por abuso, pérdida de un ser querido e incluso violación.
- Por extraño, momentos felices.

Estos factores son los principales contribuyentes a la probabilidad de trastornos de la alimentación debido al estrés mental y físico que viene con estos eventos de la vida y cómo afectan la apariencia física de una persona.

Todo lo que necesita hacer es comenzar, y el trastorno literalmente lo tomará a partir de ahí, poniéndote en un ciclo sin fin de comer tus problemas de vida y probablemente purgar tu cara de nuevo la próxima vez que tengas una crisis. Comer atracones es uno de los tres poderosos, pero a diferencia de sus parejas, realmente no da banderas rojas del problema hasta que lo tienes en el cuello. Te lo explicaré un poco.

Digamos que estás en un popular programa de entrevistas, y el tema de hoy es "Romance de la comida: lidiar con tu relación caliente y fría con la comida". Si todavía estás en la universidad, creo que es seguro que estarás de acuerdo en que te encanta comer pero de alguna manera odias las comidas del dormitorio.

En vez de eso, te encuentras llenando tu cara con comida de la cafetería.

¿Recuerdas esa noche que pediste una pizza justo después de una comida importante, y antes de un gran día? Sabes que no tenías hambre; estabas comiendo estrés, y en lugar de decirte esto, preferiste no poder decidir qué comer, así que te meriendas hoy en un montón de basura y comida adecuada, la siguiente.

Usted dijo preocuparse por ello, así que en lugar de lidiar con el problema de frente, usted se castiga por pasar por rutinas de ejercicio agotador y dieta, pero adivina quién ordenó dos cajas de pizza la misma noche sólo porque... ¡Exactamente!

Si todo eso parece incluso vagamente familiar, entonces felicitaciones, usted tiene experiencia de primera mano con atracones. Desafortunadamente para ti, pareces ser un poco experto en relaciones alimentarias complicadas, así que estás en un programa de entrevistas para compartir tu inigualable sabiduría y experiencia sobre el tema.

Ahora los programas continúan después de un breve descanso comercial, y el anfitrión te mira directamente a los ojos y dice,*"Honestamente me pregunto por qué comer atracones es un problema tan importante para usted. Pasas mucho tiempo comprobando calorías, preocupándote por la celulitis, pero aún llenando tu cara cada vez que tienes oportunidad. Háganos entender"*

Introducción

Se golpeó el clavo en la cabeza, ¿no? Has intentado tanto salir del ciclo interminable de atracones comiendo ahogándote en libros de dieta y artículos, pero después de unos días o una vez que hay una crisis, caes de cabeza en tus malos hábitos de nuevo. ¿La dieta ayudó un poco? ¿Te hizo sentir más feliz? Claramente, ¿por qué buscas en la dieta algún tipo de control?

No te sientas solo; todos aquí hoy pueden relacionarse con su dilema de comer atracones. Todos entienden la delicada línea entre comer muy poco y comer demasiado. Hay una línea más delicada entre amar tu cuerpo y odiarlo.

Mucha gente da ese primer paso a través de la línea en comer atracones durante sus días universitarios, y por desgracia para ellos, esos primeros pasos pueden ser muy definitivos de su patrón de alimentación años en el futuro. ¿Qué le dirías al anfitrión y al público?

¿Confesarás ser un atracón esperando una rutina de dieta que funcione con asombro que automáticamente quitará los kilos que eventualmente ganarás porque **simplemente no puedes parar?** ¿Sientes una puñalada de culpa cada vez que engañas a tu dieta con tus comidas o refrigerios favoritos? ¿Tienes razones para preguntarte si tienes un trastorno de la alimentación?

Si alguna vez has albergado pensamientos como estos, entonces mejor no dejes de leer porque tengo tu cura milagrosa aquí. Si todavía no está seguro de si tiene un problema de atracón, vaya a través de la lista de abajo rápidamente antes de continuar.

- ¿Comes demasiado hasta que te sientas demasiado lleno?
- ¿Comes cuando estás bajo algún tipo de presión? Por ejemplo, comer en una bolsa de nueces mientras se prepara un informe que vence en unas dos horas.
- ¿Te aterroriza poner los kilos?
- ¿Alguna vez te has pillado pensando demasiado en la comida?
- ¿Te saltas las comidas porque sientes que estás muy ocupado, y en cambio, comes mucha basura sobre la marcha?
- ¿Alguna vez te has preguntado si tienes una relación tóxica con la comida?
- ¿Has intentado y no has hecho dieta?
- ¿Alguna vez te has sentido gorda?
- ¿Alguna vez has experimentado fluctuaciones de peso que no son causadas por un problema de salud subyacente?
- ¿Alguna vez has dicho en voz alta, "Creo que soy gorda"?

CAPÍTULO 1

Comer Atracones 101

Atracones es una palabra que solía significar una cosa particular para la mayoría; consumo excesivo de alcohol. Ahora, la palabra se utiliza más ampliamente para referirse a comer en exceso. Para mucha gente, el atracón es algo tan intrascendente como una excesiva indulgencia básica o un simple lapso dietético. Para otros, es una pérdida total o parcial del control que uno tiene sobre el consumo. Este es un problema más grande de lo que la mayoría de la gente se da cuenta, y no es particular para los occidentales. A pesar de ser un problema importante que es innegablemente popular, mucha gente sabe muy poco al respecto.

¿La purga siempre va precedida de atracones? ¿Es un problema de salud de por vida? ¿Se puede arreglar? ¿Es un signo de algo mucho peor? ¿Cómo podemos diferenciar entre una simple exceso de indulgencia y un verdadero atracón? ¿Qué hace que una persona predisponga a comer atracones? ¿Cómo puedo arreglarlo? Estas son preguntas muy importantes que la mayoría de la gente hace.

El significado de la palabra 'Atracón'

La definición de "Atracón" ha evolucionado a lo largo de los años. Fue ampliamente utilizado en el siglo XIX, y significó "una oleada de bebidas pesadas", y sigue siendo una de las definiciones que encontrará en el Oxford English Dictionary. Las otras definiciones influenciadas por los tiempos modernos, incluyen exceso de indulgencia o comer en exceso.

Según la undécima edición de Merriam Webster's Collegiate Dictionary, el atracón es básicamente una indulgencia o exceso de indulgencia sin restricciones. Esta indulgencia ha sido reportada por hombres y mujeres. Para algunos, comienza como un atracón ocasional, que sigue siendo un atracón ocasional que no tiene ningún efecto negativo en sus vidas. Para otros, progresa hacia un problema importante que comienza a afectar negativamente a muchas áreas de sus vidas. La razón por la que mucha gente no puede distinguir a los dos es las similitudes entre los dos y la ignorancia de las personas con respecto al comportamiento.

Debido a esta confusión, se ha llevado a cabo una investigación sobre las experiencias de los comensales y aunque todas las cuentas no son exactamente las mismas, hay dos características muy distintas que se encontraron comunes entre los comensales de atracones - la cantidad de alimentos consumidos es visto como excesivo por el comensal no necesariamente como extraño, y todos parecen perder el control durante la indulgencia. Así que al tratar de identificar un atracón, compruebe si los alimentos que se consumen es obviamente más de lo que otros tendrían en las mismas circunstancias.

Características de un Atracón

Leí en alguna parte sobre una chica que decía que seleccionaba al azar cualquier comida que pudiera poner en sus manos y sólo llenar su cara con ella a veces sin masticarla. Después de unos minutos, ella empezaba a sentirse culpable y asustada porque su estómago comenzaba a doler, pero no sería capaz de parar. Se quejó de un aumento de la temperatura y de cómo sólo sería capaz de dejar de comer cuando se sentía realmente enferma. Pasar por los relatos personales de atracones comiendo puede ser un verdadero abridor de ojos. Echemos un vistazo a ciertos rasgos puntuales de un verdadero atracón.

1. **Sentimientos:** Los primeros momentos de un atracón pueden sentirse como el cielo como debe ser ya que lo repites cada vez que sientes la necesidad de hacerlo, que es mucho si somos honestos. La sensación y el sabor de la comida en la

lengua se sentirá bien y placentero. Sin embargo, estos sentimientos desaparecen tan rápido como llegaron y son reemplazados inmediatamente por sentimientos de culpa y disgusto a medida que continúa sentando su cara incontrolablemente. Esto es muy común entre los comensales de atracones. Se sienten rechazados por sus acciones, pero siguen comiendo.

2. **Velocidad de consumo:** Los comensales de Atracones no son comedores muy lentos. Por lo general, es un proceso rápido. A veces se llenan la cara como si estuvieran en piloto automático sin siquiera masticar la comida. Otros empujan la comida por la garganta con bebidas, particularmente refrescos, y esta es otra razón importante por la que se sienten llenos y pesados muy rápidamente. Para las personas con bulimia, beber demasiado hace que sea más fácil vomitar más tarde.

3. **Agitación:** Es un hábito común para los comensales de atracones para pasear a un ritmo de su entorno mientras comen. Es casi como la desesperación. Algunas personas han descrito el antojo de ser algún tipo de fuerza poderosa que les hace comer, y esta es la razón por la que comer compulsivamente y comer atracones se pueden usar indistintamente. Este no es el único comportamiento de agitación que exhiben. Algunos podrían llegar tan lejos como tomar alimentos que no les pertenecen, robar en tiendas o

incluso consumir alimentos que se han desechado sólo para satisfacer un antojo. Adivina lo que sucede justo después de ello... Sentimientos de asco, degradación y verguenza.

Permítanme pintar un cuadro rápido. Empiezas por tomar un tazón de avena, que comes tan rápido como puedas y pasas a tener tres o cuatro cuencos adicionales. A estas alturas, deberías saber que tu control ha volado con el viento, y ya estás arrodillado en atracones, pero parece que no puedes ayudarte a ti mismo. Te sientes muy tenso durante la búsqueda desesperada de cualquier cosa para comer. Lo que sea. Corres por ahí buscando comida desechada, incluso reconociendo lo repugnante que es. Por suerte para ti, encuentras algunos y los derribas rápidamente. Otras veces, usted decide ir a la ciudad para "comprobar" tiendas y hacer un poco de compras de comestibles.

Lo suficiente como para no parecer un ladrón cuando, de hecho, usted **está** robando porque la cantidad de dinero que tiene no será suficiente para comprar lo que necesita para satisfacer sus antojos. Ahora comes y comes hasta que físicamente ya no puedes. ¿Ves lo que quiero decir?

4. **Estado de trance:** Algunas personas han descrito el atracón para sentir que están atrapados en un trance, casi como si su comportamiento estuviera siendo controlado remotamente. Si has tenido una experiencia como esta, entiendes cuando digo que siento que no eres exactamente el que come.

Algunas personas también afirman participar en alguna otra actividad como escuchar música muy fuerte o leer un libro **mientras** se atragantan porque los distrae de lo que realmente está haciendo, lo que más o menos les impide poseer hasta su mal hábito. Pintaré un cuadro. Te despiertas con esa sensación en el estómago, tal vez alguien te molestó profundamente ayer, o estás triste, sientes este impulso abrumador de atragantarte. Casi de inmediato, empiezas a sentirte húmeda y caliente, y entonces tu mente se oscurece. Te abres camino hacia la comida y cavas rápidamente, temes que puedas empezar a pensar y sentirte culpable si comes lentamente.

De hecho, te levantas y aceleras mientras comes o ves una serie, cualquier cosa lo suficientemente distraída como para mantener tu mente fuera de lo que estás haciendo porque una vez que tienes tiempo suficiente para pensar en el hecho de que estás atractiendo, incluso podrías sentirte más triste porque es un recordatorio de que tienes un mal hábito. ¿Te resulta familiar?

5. **Secretos:** Un atracón típico sucede en secreto debido a la verguenza que se une al hábito. Algunas personas se sienten tan avergonzadas que los impulsa a ocultarlo todo el tiempo que puedan; meses e incluso años. La forma más básica de hacerlo es comer con la mayor normalidad cuando están en presencia de otros. ¿Comes normalmente durante una comida

familiar o alrededor de amigos y luego regresas mucho más tarde para tragarte todas las sobras? ¿Se cuela comida en su dormitorio para que pueda disfrutar con cero miedo de ser atrapado? ¿Vas de compras de comida justo después del trabajo y comes más de la mitad en la privacidad de tu auto antes de llegar a casa?

Hacer esto reduce cualquier posibilidad de obtener ayuda porque incluso con todo el disgusto y la verguenza que sientes después, lo haces una y otra vez y porque honestamente no sabes ninguna otra manera efectiva.

6. **Perder el control:** Como he dicho anteriormente, perder el control es una de las principales características del atracón. Es lo que hace que comer en exceso sea diferente de los atracones. Esta característica particular del hábito varía entre individuos.

   Algunos han dicho que lo sienten mucho antes de que comience el atracón; otros han dicho que se construye lentamente mientras comen, y otros han dicho que inmediatamente se dan cuenta de lo mucho que han comido.

   Una cosa interesante a tener en cuenta es que muchas personas que han estado atragantando durante años afirman que la pérdida de control ha disminuido con los años porque se sentían cómodos con el hecho de que sus atracones son de por vida - por lo que ni siquiera tratan de luchar contra el impulso más.

Otros incluso planean en el futuro lo que perciben como atracones inevitables, lo que automáticamente añade un cojín extra a su cómoda silla de malos hábitos, pero en el lado positivo, este método les da una cierta cantidad de control sobre dónde ocurren los atracones y la disponibilidad de alimentos, lo que les ahorra de un montón de maneras incómodas y vergonzosas de satisfacer el antojo. Probablemente estés sonriendo a esto porque parece una manera razonable de manejar el atracón comiendo, pero te aseguro que no lo es.

Es fácil asumir una sensación de control cuando el impacto del atracón es un poco se reduce porque 'planeaste con anticipación', pero si realmente estuvieras en control, ¿no decidirías no atragantarte y realmente **no** atracarte? El control debe ser la capacidad de prevenir una recurrencia. Además, muchas personas todavía comen hasta que se sienten físicamente enfermas debido a la incapacidad de parar.

Podrías decir que tomas descansos como el tiempo que tuviste para tomar una llamada importante o tuviste una visita pero sé muy honesto, ¿no regresaste cuando la distracción se había ido? Exactamente lo que quiero decir.

Diagnóstico del trastorno de la alimentación por atracón

Las personas claramente difieren en lo que se atragantan y con qué frecuencia lo hacen, por lo que es bastante difícil diagnosticar un atracón basado en esos dos factores solos, pero echemos un vistazo a esos factores con una pizca de individualidad y ver cómo se debe hacer un diagnóstico adecuado.

1. **Duración y frecuencia:** Antes de que te diagnostiquen un trastorno de la alimentación por atracón o una bulimia nerviosa, que son solo dos de los tres principales trastornos de la alimentación, tienes que atracar al menos una vez a la semana en promedio.

   Sin embargo, esta teoría no es aceptada por todo el mundo porque básicamente exonera a los atracones que se entregan con menos frecuencia o intermitentemente. Por esta razón, algunos profesionales de la salud mental generalmente ignoran este umbral al diagnosticar a un paciente. En su lugar, se centran en la regularidad de los atracones y los efectos que tiene en la salud física y mental de la persona involucrada. La importancia de la frecuencia también es un poco confusa. ¿Y si sólo te atragantas de vez en cuando? ¿Significa esto automáticamente que estás libre? ¿Con qué frecuencia se convierte esto en un problema? ¿Es con qué frecuencia, a lo largo del tiempo y durante cuánto tiempo te entregas lo que finalmente determina si tienes un trastorno de la alimentación o cuán grave es? ¿O es lo mucho que afecta negativamente a la calidad de su vida que finalmente lo hace? Como he mencionado anteriormente, los profesionales suelen estar preocupados por lo mal que el trastorno ha afectado a la calidad de vida. El tiempo que duren los atracones generalmente depende de si una persona tiene o no la intención de vomitar justo después, como se ve en la bulimia nerviosa. Las investigaciones llevadas a cabo en Oxford han demostrado que los atracones duran unas dos horas en personas que no vomitan y aproximadamente la mitad de ese tiempo en las personas que lo hacen. Esto se ha atribuido al hecho de que las personas que vomitan después de sentir presión para satisfacer los antojos lo más rápido posible para que puedan deshacerse del exceso antes de que comience la absorción.

2. **Alimentos consumidos:** Los alimentos que probablemente se consumen durante un episodio incluyen chocolate, mermelada, cereales, pastel, leche condensada o algunos alimentos dulces improvisados como la masa de pastel. Básicamente, comida que es bastante fácil de conseguir y comer. Alimentos que necesitan muy poca o ninguna preparación. Es posible que no comas nada de esto en un día libre de antojo debido a lo engordadores que son, pero cuando empiezas a tener esa sensación en tu estómago, es casi como si no pudieras comer lo suficiente. Las estadísticas

han demostrado que las personas que se atragantan generalmente tienen dos tipos de respuestas cuando se les pregunta el tipo de comida que se atragantan. La primera respuesta suele tener que ver con el carácter alimentario, por lo que es probable que digan "llenar alimentos" o "alimentos dulces". La segunda respuesta tiene que ver con sus diversas actitudes hacia la comida, por lo que es probable que digan " alimentos de engorde" o "alimentos peligrosos". Lo principal a tener en cuenta aquí es que la mayoría de las personas se atragantan en los alimentos que es probable que eviten en un día normal. Esto es crucial para la comprensión de las causas y el tratamiento permanente del atracón. Un mito popular sobre los atracones es que en su mayoría son alimentos ricos en carbohidratos. La verdad, sin embargo, es que el contenido de carbohidratos en los alimentos atracones es casi el mismo con las comidas normales si no más bajas. La característica principal de los alimentos atracones no tiene nada que ver con su contenido de grasa, proteínas o carbohidratos. En su lugar, tiene todo que ver con la cantidad total consumida. Si te atragantaste, lo más probable es que comas galletas, helado, pastel, etc., pero como Timothy Walsh ha dicho, la creencia generalizada de que estos alimentos tienen un alto contenido de carbohidratos es falsa. En su lugar, son simplemente alimentos dulces que contienen mucha grasa.

Además, debido a la evolución de la ciencia y más descubrimientos, se ha demostrado que toda la locura del antojo de carbohidratos es falsa porque los alimentos de atracón se componen de alimentos que son vistos como 'prohibidos' por el atracador. Así que puede ser carbohidratos, grasa o incluso proteína. Todo depende del individuo.

Diferentes tipos de Atracones

Lo más probable es que sea la primera vez que veas esto, ¿verdad? Esto es mucho más profundo de lo que la persona promedio sabe. Es más fácil entender la idea de comer atracones, ¿pero ahora hay tipos? No es extraño que una persona pretenda tener más de un trastorno de atracones.

A pesar de que los tres tipos pueden no encajar en la definición básica de atracones tal como lo conocemos, los estudios han demostrado que los comensales de atracones describen experimentar este tipo de atracones:

- **Un atracón en toda regla:** Durante este tipo de atracón, la comida se consume en cantidades dementes y muy rápidamente sin placer, excepto por la primera ola de placer que se obtiene cuando la comida toca por primera vez su lengua. Incluso eso es barrido por la culpa. Por lo general se hace en secreto y un lugar en particular, por ejemplo, su cocina, dormitorio universitario, apartamento, etc. Este es el tipo de atracón donde los laxantes se apoyan. Justo después de un episodio, por lo general estás atormentado por el pánico y te sientes hinchado. Dale unos minutos y ahí es cuando la culpa entra, y todo lo demás se intensifica.

- **Un Medio atracón:** Estos comparten algunas similitudes con un atraganto, aparte del hecho de que estos ocurren de la manera más rápida posible en un solo lugar con cero placer y curiosamente, cero pánico. Estos son los que se sienten automatizados, por lo general como una reacción a una situación particular. Los impulsos son mucho más fáciles de resistir.

- **Atracón de cámara lenta:** Estos ocurren en casa, no en el trabajo o en la escuela. En realidad se pueden sentir que vienen de lejos e incluso tratar de resistir por un tiempo, pero sabes que no durará, y te encuentras refrigerio casi compulsivamente sintiendo una sacudida de placer cuando comienzas, y esto dura bien en el atracón. Disfrutas de este atracón porque puedes elegir los alimentos que más te gusten pero haces todo lo posible para evitarlo. Podrías tomarte un tiempo para preparar la comida para este atracón. ¿Ves por qué esta es la versión de cámara lenta? De todos modos, como todos los atracones, la culpa comienza, y empiezas a sentirte terrible, pero ¿adivina quién no deja de comer? ¡Así es! tú.

Dicho esto, algunas personas tienen tipos de atracón muy específicos que no entran en ninguna de las categorías anteriores.

Tomemos algunas personas con anorexia nerviosa, por ejemplo; son propensos a pequeños atracones subjetivos que comparten la falta de control y la profunda angustia de un atracón objetivo típico. Los atracones de las personas que parecen obviamente con sobrepeso no son tan fáciles de poner un dedo en ello porque por lo general duran más que los atracones bulímicos.

Cómo nace un atracón

Cuando descubrí el atracón, estaba tan confundido por su existencia porque no podía entender por qué algo así era tan recurrente a pesar de los sentimientos de verguenza y culpa que se le apegaban. Esto plantea dos preguntas importantes:

- ¿Cómo nace el atracón?
- ¿Qué lo mantiene vivo?

Echaremos un vistazo a ciertas situaciones que desencadenan un atracón típico. Un atracón puede ser desencadenado por una variedad de factores. Algunas investigaciones realizadas hace un tiempo señalaron los principales desencadenantes del atracón, mientras que un estudio más reciente se centró en la ubicación de estos atracones. Comenzaremos con los disparadores:

Algunas investigaciones realizadas en 32 personas con trastorno por atracones en una clínica en Australia arrojaron los siguientes resultados con respecto a sus desencadenantes:

1. Tensión: 91%

2. Antojos específicos de comida: 78%

3. La sensación de aburrimiento y soledad: 59%

4. El deseo de masticar algo: 84%

5. Tener pensamientos intensos sobre la comida: 75%

6. Estar solo: 78%

7. Volver a casa después de un largo día en el trabajo o la escuela: 72%

Otro estudio se centró en treinta y tres mujeres con problemas de atracones. A estas mujeres se les dieron computadoras portátiles durante una semana y fueron interrogadas a intervalos sobre su estado de ánimo y hábitos alimenticios. Se registró que sus impulsos se suscitaron cuando estaban solos en lugares específicos como:

1. La sala de estar: 31%

2. En el trabajo: 10%

3. Cocina: 31%

4. El coche: 10%

Ahora vamos a echar un vistazo a los disparadores más detallados:

- **Restándole importancia al hambre que sigue:** Algunos comensales, por lo general los que tienen bulimia nerviosa y anorexia, no comen tanto cuando no están atracando. Esta privación de alimentos produce principalmente efectos nocivos ya que es más o menos lo mismo que el hambre. A nadie le gusta morir de hambre hasta lo mejor de mi conocimiento. Colocar límites rígidos a la alimentación y comer lo menos posible puede afectar negativamente a una persona psicológica y fisiológicamente tanto que cuando finalmente comienzan a comer, se necesita mucha fuerza de voluntad para detener - fuerza de voluntad que casi nunca poseen. Piense en ello como una presa que está abierta. Muchos comensales atracones han reportado tener el impulso en algún momento alrededor del mediodía en ese día eligen no comer. Esta abstinencia autoimpuesta equivale al hambre (un problema), lo que automáticamente hace que el cuerpo quiera arreglar eso, iniciando así los pensamientos constantes de los alimentos. Esta tortura mental puede seguir y seguir extendiéndose por la noche, digamos alrededor de las 4 pm. En este punto, se hace casi imposible distraerse de las imágenes de fichas flotando en su cabeza, y al subir se va directamente a McDonald's. El detonante aquí es el hambre. Este tipo de hambre no es exigente, así que en lugar de comer una comida normal para sofocarla, te encuentras comiendo lo que puedas poner en tus manos, y este sentimiento no es parcial a cosas que no te gustan. ¡LO QUIERES TODO!

- **Romper una regla dietética:** Esto puede sorprenderte, pero muchos comensales de atracón son dietistas, y su dieta suele ser más estricta que la regular a la que estás acostumbrado. Siguen cada regla dietética a la perfección comenzando con qué comer cuándo comer y la cantidad para comer. Esto generalmente comienza como un plan de tratamiento para los atracones, pero todo se convierte en polvo cuando rompen incluso una regla. Todo casi siempre viene inundado.

- **Alcohol:** Mucha gente se ha dado cuenta de que el alcohol no es un amigo cuando se trata de arreglar un trastorno de atracón. Hay muchas explicaciones plausibles para esto. En primer lugar, beber demasiado alcohol te emborrachará o te deteriorará mentalmente. Por cierto, el exceso de alcohol varía por persona, y depende únicamente del umbral individual. Volviendo a cómo la borrachera puede afectar tu plan de "adiós", tu juicio obviamente se verá afectado, y cualquier resistencia que hayas tenido contra los atracones se disolverá lentamente a medida que el alcohol entre en acción. Digamos que planeabas comer sólo ensalada en la fiesta de un amigo; el alcohol te hará pensar que está bien comer algunas cosas adicionales debido a un juicio deteriorado, una característica importante del alcohol. Además, el alcohol excesivo hace que algunas personas se depriman y se tensan, imaginen los resultados en un comensal de atracón.

- **Emociones desagradables:** Los sentimientos de tristeza, frustración y depresión pueden iniciar un atracón. La depresión es más poderosa de lo que la mayoría de la gente se da cuenta. El atracón puede comenzar cada vez que estás cansado o simplemente molesto, estos sentimientos provocan vacío, y honestamente podrías tratar de resistir la necesidad de atracar, pero sólo se vuelve tan intenso como lo que puedas estar sintiendo en ese momento. La única salida para ti es comer lo que tiene todo el sentido porque comer es toda una distracción. El único problema con tu tipo de alimentación son los sentimientos de autocrítica y culpa que se posan encima de ti después. El estrés, los sentimientos de desesperanza, ira, tensión, ansiedad e irritabilidad también son desencadenantes emocionales muy poderosos.

- **Ausencia de estructura de tiempo:** El tiempo no estructurado durante el día puede predisponer a una persona a comer atracones porque, en algún momento, usted podría tener un montón de tiempo excesivo con poco o ningún plan y ¿recuerda lo que dije sobre el aburrimiento? Las rutinas son tu mejor amigo en tiempos como este porque siempre tendrás una distracción en cada momento, y antes de que te des cuenta, es hora de dormir, ¡y no te atragantaras ni una sola vez!

- **Estar solo:** Debido a que los atracones tienen lugar en su mayoría en secreto, encontrarse solo durante largos períodos probablemente tentará a su monstruo atracón. Estar solo es muy difícil por la soledad en que uno puede estar rodeado de personas y todavía sentirse solo, pero ambas situaciones aumentan los riesgos de comer atracones.

- **Sentirse gordo:** Este desencadenante en particular ha sido reportado principalmente por las mujeres. Esto no significa que tiene cero efectos en los hombres; es sólo una cosa de mujeres. Sorprendentemente, esta sensación es más común entre las personas con un trastorno de la alimentación. Para ellos, esta sensación casi siempre se equipara a tener sobrepeso independientemente de su tamaño corporal real, y debido a que la mayoría de las personas se sienten incómodas con el aumento de peso, se sienten tristes, lo que automáticamente los hace atracones para poder distraerse.

- **Ganancia de peso real:** Esto, a diferencia del desencadenante anterior, no es una ilusión. La respuesta automática al aumento de peso es casi siempre negativa incluso para el aumento de peso tan pequeño como una libra. Esto causa un tipo completamente diferente de frustración, especialmente para los comensales bulímicos y los dietistas. La respuesta más reportada a esto es renunciar a cualquier intento de control de peso que podrían haber estado haciendo. Caen de cabeza en atracones. A veces, esto podría haber sido incluso un pequeño malentendido con su báscula de pesaje. Verás, el peso corporal nunca es constante durante todo el día debido a ciertos factores como la hidratación.

- **Síndrome Premenstrual (SPM):** Son tiempos peligrosos para cada mujer. El estado de ánimo cambia de pico, la hinchazón comienza, los calambres comienzan, y los antojos de comida siguen su ejemplo. Los comensales de Atracones se han quejado de la irresistible necesidad de atracar unos días en su período. Irresistible es la palabra clave. Esto es prácticamente inevitable y por lo general se debe a factores como los calambres y cambios de humor. Un gran detonante aquí.

El vínculo entre la obesidad y el atracón

La definición de obesidad es relativa. Una persona anoréxica muy probablemente lo definirá como cualquier aumento de peso tan poco como cuatro libras. La abuela promedio podría pensar que es obesa porque pesa 165 libras en su musculoso yo de huesos grandes. En el mundo del modelado, la obesidad podría significar 135 libras en un cuerpo de 5"10. ¿Ves los diferentes ángulos aquí? Estas mujeres no son médicamente obesas. De hecho, el modelo y el anoréxico tienen un peso muy bajo. La gente tiene opiniones muy diferentes sobre el peso. Muchas personas se molestan por unas cuantas libras, mientras que otros están perfectamente bien con estar en el lado grande.

Sin embargo, la ciencia dice que una persona es obesa cuando pesa un poco más del 20% del peso, en particular por su estatura, edad y tipo de cuerpo. Una persona sólo es obesa mórbida cuando pesa más de cien libras por encima del peso esperado por su tipo de cuerpo, edad y altura. Actualmente, el peso saludable ha hecho espacio para algunas libras extra por altura de lo que se esperaba originalmente. Esto se debe a algunas investigaciones que han encontrado una conexión con la baja tasa de mortalidad y más peso de lo que se considera actualmente como 'fashionable'.

La investigación llevada a cabo hace un tiempo por el Centro para el Control y la Prevención de Enfermedades demuestra que alrededor del 62% de los adultos en Estados Unidos tienen sobrepeso médico. En el 62%, 35% son moderadamente sobrepeso, mientras que el resto son totalmente obesos. Además, también descubrieron que el 13% de los niños que viven en los Estados Unidos tienen un sobrepeso. Diferentes investigaciones gubernamentales publicadas en octubre de 2002 afirman que el 31% de la población estadounidense tiene un sobrepeso. También indicó que alrededor del 15% de las personas entre 6 y 19 años son obesas, y eso no es todo. El 10% de los niños pequeños tienen sobrepeso.

Bien, digamos que toda esa investigación se llevó a cabo hace años. ¿Qué tal las más recientes que afirman que más del 31% de las adolescentes en Estados Unidos y de 28% de los chicos adolescentes tienen sobrepeso. Un 14% extra de los niños y el 15% de las niñas son totalmente obesas. ¿Las causas? Vamos a ver; Comida rápida, mucho tiempo pasado frente a la computadora o teléfono inteligente, merienda con una cantidad descabellada de grasa y azúcar, y nuestro ganador general...

¡Atracón! Y debido a esta causa en particular, la obesidad está en aumento en todos los grupos étnicos y socioeconómicos principales en todo el mundo

¿Qué construyó el puente de la obesidad-atracón?

1. **Comer más calorías de las que quemas:** Creo que debería señalar algo muy rápido. No todos los comensales de atracones tienen sobrepeso porque, por suerte, para algunos, pueden quemar el exceso de calorías a través de entrenamientos, trabajo y otras cosas. En la década de 1990, la gente en los EE.UU. comió 340 calorías extra de las que tenían en los años 80 y aproximadamente 500 calorías adicionales de las que consumieron en los años 50. El consumo de calorías ha ido en aumento desde hace un tiempo, especialmente con la introducción de carbohidratos refinados mezclados con grasa saturada. Estos alimentos son vistos como insalubres y por lo tanto prohibidos a la mayoría y ese es exactamente el tipo de comida que la misma gente se atraganta. Hacer esto sin una manera segura de dejar ir esas calorías definitivamente va a conducir a la obesidad y al dejar ir las calorías, no me refiero a purgar.

2. **Introducción de la comida rápida:** los estadounidenses comen más ahora de lo que suelen hacer en el pasado, en parte porque los restaurantes de comida rápida y los restaurantes descartan más porciones de las que algunas personas están acostumbradas y en parte porque es más fácil y rápida. Muchas familias piden comida para llevar para cenar en estos días, lo que puede ser una bendición a veces cuando se considera el tiempo y los niveles de energía al final de cada día. Sin embargo, al otro lado de las cosas, estas comidas rápidas han hecho que el atracón sea muy fácil. ¿Quieres atracar pero no tienes la energía para hacer nada? Tranquilo, pide una caja de pizza o tres. La mayoría de la gente no tiene ni idea de lo que está contenido en las comidas que compran sobre la marcha, por lo que hay una buena probabilidad de que estén llenos de azúcar y grasa saturada poco saludable, a diferencia de una comida casera donde realmente se puede decidir lo que va en la olla y lo que no. La comodidad es ganar, chicos. Un paquete de fichas entregadas en casa y una serie de productos parece la vida hasta que te das cuenta de que tu ropa deja de encajar. No me hagas empezar con los riesgos para la salud de la obesidad.

3. **La manera fácil de salir del dolor emocional:** La gente come por muchas razones fuera del hambre. Razones como tristeza, depresión y soledad. Estos pueden aumentar rápidamente en kilos si usted no encuentra una mejor salida para sus emociones.

4. **Dietas prolongadas y hambre:** Estoy seguro de que he mencionado esto antes. Cuando vas a un plan de dieta muy estricto para hacer tu cuerpo más delgado de lo genéticamente posible, comienza a luchar exigiendo más comida de la que prefieres consumir, y esto te hace muy vulnerable a atracones y recuperar el peso que tanto intentaste perder más. Los estudios afirman que más del 90% de los dietistas ponen en todo el peso que perdieron con un agradable 10 libras en la parte superior en un lapso de cinco años. Es un ciclo interminable. Pierde el peso y recupera todo más cuando tu cuerpo ya no puede soportarlo. ¿Ves cómo esto puede hacerte obeso?

5. **Es biológico:** Esto puede parecer injusto, pero es la verdad; algunas personas son realmente obesas debido a problemas biológicos sobre los que tienen poco o ningún control. Problemas como una glándula pituitaria o tiroides defectuosa. Otras personas obesas podrían estar físicamente deterioradas, por lo que no tienen forma de derramar el exceso de calorías. Lo peor es tener cualquiera de estas deficiencias biológicas y un trastorno de la alimentación. La investigación publicada en 2003 en el New England Medical Journal afirma que el desarrollo de la alimentación de atracones y la obesidad dependen de ciertos procesos genéticos.

6. **Estrés comiendo:** Hay nuevas investigaciones que afirman que hay una conexión entre la necesidad de comer y el estrés.

Este puente también se conoce como **alimentos de confort.** Por lo general contienen mucha grasa, calorías y azúcar. Se llaman alimentos de confort porque de alguna manera logran relajar el cuerpo en momentos de estrés extremo. Otra cosa importante a tener en cuenta es que la estimulación de las células grasas se ve muy estimulada por el estrés. El mundo es ahora altamente competitivo, exigente y muy acelerado. Esto conduce automáticamente a un aumento drástico en el estrés y una alta demanda de alimentos de confort, que eventualmente conduce a comer en exceso, tener sobrepeso y obesidad en ese orden exacto.

Atracones

CAPÍTULO 2

¿Qué tan común es el trastorno por atracón?

Atracón está tres veces más extendida que la bulimia nerviosa y la anorexia combinadas, y les guste o no, alrededor del 40% de la población afectada es masculina. Otra cosa que podría sorprenderte es la falta de estudios sobre el atracón en comparación con otros trastornos de la alimentación. Fue incluido entre los trastornos mentales en 2013. Gran parte de la investigación ya realizada se centra en ayudar a las personas con pérdida de peso, que es un poco contraproducente porque los viajes de pérdida de peso son una de las principales causas de comer atracones. La dieta como forma de tratamiento sólo establecerá aún más el trastorno de la alimentación, especialmente cuando los alimentos se utilizan como escape de sentimientos incómodos. Ciertas personas que abogan por trastornos de la alimentación han llegado a la conclusión de que el estigma de peso es la verdadera razón por la que no hay muchos fondos entrando en atracones. La cultura de la dieta ha tomado residencia en nuestra cultura general y ahora es una parte de sus creencias tanto que las personas son juzgadas inicialmente en base a su tamaño corporal actual.

¿Quién está en riesgo de trastornos de la alimentación por atracón?

Debido al hecho de que comer atracones es una forma de disociación, las personas que viven con trauma, estrés o TEPT son objetivos comunes. Se trata de escapar de la realidad actual. Si eres un atracador, entiendes cuando hablo de la hora en que estás todo el camino en el proceso de atracón, y en realidad se siente como si estuvieras a pocos pasos fuera de la puerta que es tu vida, y estás atemporalmente comiendo, completamente centrado en la comida o nada en absoluto. Otras personas en riesgo incluyen víctimas de la vergüenza de la grasa, personas con un fuerte deseo de ser delgadas o aversión por su cuerpo. El estigma de peso es muy real, recuerda eso.

Yasi Ansari es un portavoz nacional de la escuela de nutrición y dietética. También resulta ser una nutricionista dietista registrada y experimentada. Dijo que se había encontrado con muchos pacientes con antecedentes de trauma tensor o alguna dificultad para hacer frente a transiciones de vida o situaciones negativas. Se dio cuenta de que era una especie de mecanismo de afrontamiento o vía de escape para hacer frente a la angustia emocional y mental. Es muy importante para entender la necesidad de alimentos de confort.

Las personas que son víctimas de atracones casi siempre tienen antecedentes de estrictas restricciones alimentarias. A veces es tan simple como una persona que decide mantenerse alejado de algunos grupos de alimentos; otras veces, es tan complicado como un diagnóstico de anorexia. Un buen ejemplo es una persona que se atraganta con carbohidratos y tiene antecedentes de múltiples planes de dieta con bajo contenido de carbohidratos.

La vergüenza de la grasa y el estigma del peso es un problema importante del que la gente tiene miedo de hablar a pesar de sus evidentes efectos nocivos en la vida de los demás. Debe estar escrito en vallas publicitarias que la apariencia física y el peso bruto no son parte de los criterios para un diagnóstico adecuado de trastorno de atracón. Parece fácil suponer que comer atracones está restringido a personas con cuerpos más grandes, pero esa suposición es falsa. También es muy común en personas ligeras también. Sí, más de dos tercios de las personas que actualmente viven con BED (traducido como "atracón") son médicamente obesas, pero no se limita a un tipo de cuerpo en particular. Algunos modelos también son grandes comensales.

Puede que no lo sepas, pero cada vez que enfatizas avergonzar a una persona o tratar a personas más grandes de manera diferente que otras, en realidad las estás exponiendo a un trauma, lo que puede llevar a comer atracones en algunos o en algún otro mecanismo de afrontamiento en otros. El estigma de peso es una de las principales causas de los trastornos de la alimentación. La gente quiere ser más delgada; comienzan a vomitar la comida después de cada comida y eventualmente terminan anoréxicos. Ponte en la piel de una persona cuyo tamaño corporal ha sido considerado poco atractivo o incorrecto o incluso inmoral a los ojos de todos y dime que tu salud física y mental no soportará una paliza adecuada con el tiempo. Al final, el objetivo es cuidarnos mejor y mantenernos lo más sanos posible.

La vergüenza del peso es algo en lo que muchas personas deben ser educadas porque es un importante caldo de cultivo para los trastornos de la alimentación, especialmente comer atracones. Cuatro de cada diez pacientes que buscan tratamientos para bajar de peso son comensales.

La mayoría de las personas que viven con la lucha por el trastorno de atracones también están lidiando con la vergüenza. Mucha vergüenza. Una buena parte de ella es como resultado del trastorno en sí (es decir, para las personas que pasan por el ciclo de atracón-purga), y la otra porción generalmente comienza a gestarse mucho antes de que el trastorno realmente se establece, y es uno de esos factores principales que predisponen a una persona a desvelarse por BED. Luchar con la vergüenza equivale a luchar con una idea crónica constante de la insuficiencia personal y un miedo palpitante que dijo que las insuficiencias se filtrarían para que todo el mundo las vea, y como resultado, será completamente humillado y descuidado. Tienes esos momentos en los que te sofocas y te ahogas en tu vergüenza. En este momento, te juzgas más duramente de lo que nadie lo haría y te encuentras carente de importancia y sin valor. La vergüenza es esa sensación que sientes que el suelo desnudaría sus mandíbulas y te llevara lo más profundo posible. La vergüenza te dirá que todos los demás te juzgarán exactamente igual que te has juzgado a ti mismo por lo falso que sea, así que en tu cabeza, ya has sido echado a un lado por todos. La vergüenza amplificará tu soledad. A veces este tipo de vergüenza puede ser causada por los antecedentes familiares y la educación. Otras veces es causada por el medio ambiente. De cualquier manera, es más probable que comas que tus vecinos que no tienen vergüenza.

¿Naturaleza o crianza?

Creo que es seguro estar de acuerdo en que nadie causa BED. Algunos dicen que los comensales de atracones nacen de esa manera; otros dicen que las experiencias de vida los hicieron de esa manera. Yo digo que es un poco de ambos. Los estudios han demostrado cómo ciertos factores ambientales y biológicos contribuyen al desarrollo del trastorno de la atracón. Voy a dar una lista:

1. **Tu biología:** Te guste o no, tu experiencia familiar es un factor importante para el riesgo de comer atracones. Aparentemente, los padres que son causantes de estrés y los comedores emocionales son propensos a dar a luz y criar a los niños con los mismos rasgos, así que si usted es un atracón, tal vez hay algo acerca de sus padres que no quieren que usted sepa.

2. **Abuso de la infancia:** Lo que estoy a punto de señalar puede parecer algo fuera de un cliché de Hollywood, pero una historia de abandono infantil o trauma contribuye a los riesgos de desarrollar BED. Esto no es todo hablar o suposiciones, hombres y mujeres con BED han informado de haber sobrevivido a una experiencia traumática de la infancia o la otra, comer atracones siendo este el mecanismo para así afrontarlo.

3. **Autoestima:** He mencionado algo muy similar si simplemente te desplazas un poco hacia arriba. La búsqueda de estándares muy poco realistas con respecto a la apariencia aumenta las posibilidades de convertirse en un comensal atracón. Los objetivos comunes son los adolescentes porque, en esa etapa, todavía se están desarrollando física y mentalmente, por lo que los ideales del cuerpo social llegan a ellos mucho más fácil que el adulto. Este comenzará un viaje para cumplir con estos ideales imposibles. El incumplimiento de estos objetivos conduce a la angustia emocional. Muchos

pacientes de BED han reportado casos de problemas de peso en las primeras etapas de la vida por sus compañeros, maestros, familiares o incluso entrenadores. Esto definitivamente centrará su atención en su apariencia física, especialmente a esa edad impresionable.

4. **Dieta estricta:** Probablemente he explicado demasiado esto para que pueda desplazarse hacia arriba para obtener más información, pero voy a resumir para aquellos que no pueden. Cuando una persona hace un esfuerzo importante para restringir la ingesta de calorías, que básicamente va largos períodos sin alimentos o etiquetando ciertos grupos de alimentos como prohibidos, especialmente como un remedio para atracones, todo lo que han logrado es aumentar sus posibilidades de atracones. El hambre comienza, y estás pensando cada vez más en la comida antes de estar harto de pensar, y te encuentras ahogado en la comida, muy probablemente aquella que llegaste a etiquetar como prohibidas.

5. **Impulsividad:** Impulsos hacen simplemente pensar en más tarde. Si conoces a alguna persona impulsiva, entonces probablemente has sido testigo de uno de sus muchos momentos de arrepentimiento. Personas como esa responden activamente a emociones muy poderosas, y esto los pone en un riesgo muy alto de comer la sensación de distancia. El período de placer para un atracón típico es relativamente

corto y a pesar de esto, mucha gente todavía se complace debido a cómo les hace sentir en el momento. Ese comportamiento grita impulsividad. Mucha gente se ha dado cuenta de lo ineficaz que es el atracón en la solución de sus problemas y este reconocimiento junto con la búsqueda de comportamientos adaptativos alternativos son uno de los principales hitos en la salida del universo de atracones. Voy a dar más información sobre estos hitos en un momento. Vamos a entender mejor el problema que es el primer paso.

CAPÍTULO 3

Etnia, Raza y Atracón

¿Es realmente una cosa occidental?

Se supone que la occidentalización de grupos étnicos no occidentales y minorías que viven entre occidentales como los afroamericanos y los hispanos que es la principal causa de la mayor ocurrencia de atracones de comer entre los no occidentales. En términos más simples, una persona nacida y criada en un ambiente no occidental no afectado por la idea occidental de "más delgado es mejor" podría verse influenciada con el tiempo después de mudarse a un entorno occidental.

¿Existe una conexión entre los trastornos de la alimentación y la raza?

Tomemos a los EE.UU., por ejemplo. Los estudios han demostrado que la medida en que un individuo adopta los manierismos y valores de una cultura diferente tiene un fuerte efecto en cuán altos o bajos serán los riesgos de trastornos de la alimentación.

No todo el mundo acepta esta teoría de la occidentalización. Algunos incluso han señalado ciertos lugares donde el sobrepeso está culturalmente bien, pero no hace nada para reducir la prevalencia de trastornos alimenticios como la anorexia. Otro buen ejemplo es la investigación realizada sobre mujeres iraníes que emigraron a Estados Unidos y a la mujer iraní que vivía en Irán. Tenga en cuenta que los medios occidentales están prohibidos en Irán. Continuando, hubo más similitudes que diferencias en los niveles y la intensidad de comer atracones a pesar de la diferencia en la ubicación y la cultura de la ubicación. Además, las mujeres iraníes que vivían en Irán parecían más inclinadas a perder peso y participar en la restricción de calorías a pesar de que la cobertura completa del cuerpo realmente no da muchas pistas sobre su tamaño corporal real. Básicamente, no es una cosa del todo occidental.

¿Son conscientes los profesionales de la salud de que los no occidentales tienen trastornos de la alimentación?

El hecho de que la teoría de la occidentalización no sea aceptada por todos no afecta al punto clave aquí, que es que las minorías étnicas también son víctimas de atracones. Los profesionales de la salud deben ser conscientes de esto debido a los resultados de la investigación llevada a cabo en algún momento en 1996. Te contaré una historia corta.

Había dos latinas, dos nativos americanos y dos caucásicos. Todos tenían un serio problema de atracones, pero los médicos concentraron todos sus recursos en los caucásicos porque creían que las minorías étnicas no podían tener un trastorno alimentario a pesar de la gravedad obvia de sus síntomas. ¿Ves el problema aquí?

La investigación demostró que las latinas y los nativos americanos con síntomas evidentes de atracón eran menos propensos a ser evaluados por un profesional de la salud, a diferencia del caso de los caucásicos. Los médicos que tienen que pasar por las minorías étnicas es la razón principal por la que una latina es menos propensa a buscar tratamiento porque siente que no será atendida adecuadamente. La eliminación de cualquier factor que se asemeje al sesgo étnico ayudará mucho a reconocer y tratar adecuadamente el trastorno de la alimentación de atracones entre las minorías, especialmente las minorías en las que se ha subestimado o simplemente se ha pasado por alto el atracón. Este es otro hito importante en la salida del universo del atracón.

¿Por qué sé que esto funcionará? Los hombres nativos americanos comenzaron a buscar tratamiento más de la mitad de la aculturación. Se sentían cómodos sabiendo que serían atendidos adecuadamente si actuaban, se comportaban y hablaban como caucásicos. ¿Qué tal si empiezan a sentirse cómodos sabiendo que serán atendidos adecuadamente si se comportan como nativos americanos? Esto incluye a todas las llamadas minorías étnicas. Se debe concienciar sobre la aceptación y comprensión de las diferencias culturales en relación con el trastorno de la alimentación por atracón.

Diferencias notables entre los hábitos alimenticios y la reacción al peso entre los principales grupos étnicos de Estados Unidos

Aquí, voy a corriente a través de la población femenina de asiático-americanos, afroamericanos, americanos caucásicos e hispanoamericanos individualmente.

Mujeres caucásicas

Desde un punto de vista general, estas mujeres están en el nivel dos en una escala del uno al diez de satisfacción corporal, atractivo sexual y autoestima. Son más propensos a métodos estrictos de control de peso que otros grupos.

Latina Mujeres

Estas mujeres se pueden encontrar en algún lugar en el medio de la escala. Están más satisfechos con sus cuerpos y peso que los caucásicos, pero todavía pasan por problemas de peso que los arrojan al atracón. Algunos argumentan que estas preocupaciones de imagen corporal son el resultado de la presión de vivir en un ambiente occidental porque, en su entorno natural, normalmente se celebran cuerpos más grandes. Estas mujeres también tienen que lidiar con las luchas para buscar tratamiento para comer atracones, especialmente el estigma que conlleva la apertura y la búsqueda de ayuda.

Mujeres afroamericanas

Estas mujeres obtuvieron una puntuación muy alta en la escala de autoestima en comparación con otros grupos étnicos. Se ha observado que son más aceptados de su tamaño corporal, peso, y el nivel de atractivo a pesar de lo que su tamaño corporal podría ser. Tampoco es muy probable que atraviese el agotador proceso de restricción calórica estricta. Esta razón de esta aceptación general es la flexibilidad natural de la idea africana de la belleza. Esto es normalmente muy saludable, pero también puede hacer que haya algunos ajenos a los altos riesgos de obesidad en este grupo. Un hecho interesante es que la ocurrencia de atracones en el consumo de comida es una de las similitudes compartidas entre latinas, caucásicas y afroamericanas, a pesar de sus diferentes puntuaciones en la escala de autoestima. Claramente, la imagen corporal o la vergüenza del peso no es la razón principal por la que las mujeres afroamericanas comen.

Mujeres Asiática-americanas

Este grupo parece muy diferente de los demás con respecto al atracón. Los asiáticos sufren tanta restricción calórica que inevitablemente los configura para la anorexia. Se ha observado que los asiáticos americanos de familias ricas y exitosas son perfeccionistas del peso debido a las expectativas de los padres. Esto eventualmente conduce a la restricción de calorías, que muy probablemente conduce a atracones. Curiosamente, algunos asiáticos anoréxicos no tienen miedo de ser gordos. Culpan a las restricciones en el apetito deficiente y la hinchazón. Sin embargo, una observación notable fue lo saludable que se comparó el atracón anoréxico asiático con sus pares no asiáticos a pesar de la evidencia obvia del mismo trastorno.

¿Funciona un enfoque de un solo tamaño para el tratamiento?

Algunos estudios han demostrado que las causas de comer atracones difieren según la etnia, y esto ha sido muy útil en el desarrollo de planes de tratamiento.

Usaré la terapia cognitivo-conductual como ejemplo de uno de los muchos planes de tratamiento para comer atracones. Esto se basa en la idea de que la restricción de calorías puede causar atracones, lo que también puede conducir a la purga.

Sin embargo, la investigación ha demostrado que la causa del atracón difiere entre los grupos étnicos. La mayoría de los caucásicos comen debido a sus restricciones calóricas autoimpuestas. La mayoría de los afroamericanos comen debido a la presión de sus compañeros. La mayoría de las mujeres comen debido a problemas de ansiedad.

Curiosamente, las latinas generalmente dependen de los vómitos como un método de control de peso más que los caucásicos, pero todavía no hay una conexión con eso y sus hábitos alimenticios de atracón, a diferencia de los caucásicos. Esto también se aplica a los afroamericanos, así que lo que esto significa es que no hay un ciclo de atracón-ahora-purga-más tarde para los afroamericanos y las latinas. Esto significa que la terapia cognitivo-conductual será más eficaz para las latinas y los afroamericanos que los caucásicos.

Sin embargo, el tratamiento del atracón debe ser relativo primero antes de la etnia, y se tienen en cuenta otros factores.

Cómo se relacionan las minorías y los trastornos de la alimentación

El resumen de toda la jerga sobre la que he estado hablando es, a pesar del gran cuerpo responsable de investigar la relación entre 'de dónde eres' y comer atracones, todavía queda mucho por hacer y descubrir debido a la boca de factores que hay que tomar en Consideración. Por ahora, nada está puesto en piedra sobre la relación entre etnia y atracón, excepto lo que he mencionado hasta ahora y el grado de ocurrencia en las minorías étnicas.

Ya lo he mencionado antes, pero lo haré de nuevo para enfatizarlo. Los profesionales de la salud mental deben ser informados de las diversas diferencias en las causas y síntomas del atracón en relación con los grupos étnicos, por lo que el diagnóstico y el tratamiento serán fáciles, minuciosos y eficaces. Ahora que todo está arreglado, ¡vamos a pasar a la parte divertida!

CAPÍTULO 4

La ciencia de comer atracones

La obesidad está en aumento en Estados Unidos y otros lugares como Columbia, lo que es bastante aterrador porque eso también significa que la ingesta de calorías está en aumento. Con el tiempo, la ciencia ha llegado a entender cómo las hormonas afectan el apetito humano. El descubrimiento de las hormonas (leptina y ghrelina) responsables de la regulación del hambre son muy cruciales en la comprensión de la expansión de las cinturas. Se sabe que el hambre y el atracón no son funciones básicas de la química humana. Se ven afectados por los genes, la educación, el entorno inmediato, el comportamiento, la actitud y la socialización.

Los cambios en la vida que son lo suficientemente intensos pueden afectar biológicamente nuestros niveles de hambre. Piense en ello de esta manera, una persona muy triste podría perder el apetito parcial o completamente, mientras que una persona ansiosa podría ser propensa a comer en exceso, especialmente cuando está rodeada de ciertos olores o lugares de interés que se ha sabido que desencadenan el hambre en el pasado.

El aumento y la disminución de los niveles de hambre están influenciados por una serie de mecanismos de señalización perfectamente estructurados que han sido el foco principal de algunas investigaciones de neurociencia y psicología.

Comer atracones no se centra en la fisiología. También está estrechamente relacionado con la psicología, el negocio de las emociones y el comportamiento. Muchas personas luchan con comer atracones como resultado de una lesión verbal a su valor o autoestima. Este tema es tan profundo que hay estudios dedicados a entender por qué este aspecto de nuestras vidas no se puede corregir fácilmente. Quiero decir, debería ser tan fácil como decidir no llenarte la cara.

La ciencia moderna ha llegado a un método de procesamiento mental de enfermedades y salud que es integral e integrador. También hay una conciencia de rápida propagación sobre las causas del atracón que van desde los niveles de energía a lo largo del día, hormonas, y genes responsables del metabolismo, la vida temprana, y la educación a secciones del cerebro activados por ciertas vistas y olores. En lugar de centrarse en una causa en particular, la ciencia ha decidido estudiar el atracón como una red de sistemas neuronales que trabajan juntos para afectar los procesos de pensamiento, los sentimientos, la fisiología y el comportamiento. Esto disputa una teoría histórica popular entre los científicos atracones. Esta idea era culpar completamente a algunas hormonas cuidadosamente seleccionadas y redes neuronales de comer en exceso. Este método de simplificación de procesos complejos ha sido inigualable en la historia de la ciencia y es responsable de los muchos logros de la ciencia. Este método se ha utilizado en el campo médico para identificar, descomponer y entender innumerables enfermedades y también llegar a soluciones viables.

Sin embargo, hay ciertas cosas en la naturaleza que desafían las leyes y teorías hechas por el hombre basadas en nuestra comprensión de la cosa en cuestión. El cuerpo humano no es exactamente un teléfono inteligente con partes malas que se puede señalar como la razón de sus fracasos. El hambre se puede dividir en componentes biológicos, psicológicos y sociológicos de la existencia humana. El atracón se centra en el antojo de una persona y la sensación de no estar satisfecho de acuerdo con los niveles de dopamina, leptina, y ghrelina liberada por el cerebro. Comer atracones es algo más que un sistema que se debe investigar; es casi deliberado, pero no del todo. Implica el mal funcionamiento de ciertos mecanismos de señalización química en el cuerpo y el cerebro.

Hay series muy intrincadas de bucles de señalización química y retroalimentación que tienen lugar cuando una persona comienza a sentir hambre incluso después de comer porque claramente no están satisfechos. Cuando te sientes lleno, no estás necesariamente lleno hasta el borde de la comida. Es la respuesta de su cuerpo a los niveles de glucosa, dopamina, y una serie de otras hormonas producidas por el cerebro, lo que le permite a su cuerpo saber para continuar o dejar de comer. Lo desglosaré. Niveles de azúcar en la sangre por lo que están controlados por una hormona llamada insulina, pero no todo el mundo puede hacer esta hormona. Esta hormona es creada y liberada por el páncreas, pero algunas personas tienen un páncreas defectuoso, que es una condición conocida como diabetes tipo 1. Otro problema de azúcar en la sangre ocurre cuando el páncreas produce insulina muy bien, pero las células en el cuerpo no pueden recoger rápidamente esta hormona muy importante. Esto se denomina diabetes tipo 2.

Cuando el cuerpo no procesa el azúcar en la sangre correctamente, comienza la formación de grasa (tejido adiposo). Estos niveles de azúcar desordenados y tejido adiposo recién añadido conducen a la producción de ciertas hormonas que hacen que una persona tenga antojos intensos o no se sienta lleno incluso después de que un antojo se acaba de satisfacer.

Las células grasas secretan una proteína conocida como leptina que actúa como una molécula de señalización. En personas sanas, Esta hormona actúa para inhibir el apetito. Una de las causas de la obesidad es por no producir las cantidades correctas de leptina, pero a veces el problema es más una falta para responder a los niveles adecuados de leptina.

En el cuerpo sano, la leptina trabaja en conjunto con otra hormona llamada ghrelina, que se secreta a medida que una persona se vuelve hambrienta. Después de comer, los niveles de ghrelina disminuyen en una persona con apetito, metabolismo, y los niveles de tejido graso que se regulan normalmente.

Evidentemente, no se necesita mucho para desequilibrar estos sistemas de señalización. La obesidad, la diabetes y los trastornos de comer en exceso están en niveles récord.

El estrés, los problemas con el trabajo, el romance y la vida familiar, la experiencia de pérdida y duelo, así como el envejecimiento cambian nuestros metabolismos y nos dejan vulnerables a anhelar más de lo que necesitamos. Los humanos no evolucionaron en ambientes con hamburguesas con queso de tocino triple y Super Big Gulps fácilmente disponibles, y la presencia de tales estímulos ricos en energía y calorías en nuestros entornos modernos hace que nuestras mentes anhelan lo que muy pocos de nosotros necesitamos.

Atracones

CAPÍTULO 5

Vivir con trastorno de la alimentación por atracón

Comer por atracón es similar a otros trastornos de la alimentación en el sentido de que viene con ciertos problemas psicológicos que hacen las cosas aún peor. En este capítulo, me centraré en ciertos rasgos exhibidos por los tragadores típicos. Identificar estos rasgos es un paso importante para solucionar el problema. Vivir en la negación nunca ayudó a nadie, ¿no?

1. **Suficiente disgusto para llenar un cubo:** La palabra más popular utilizada por los comensales atracones para describir la sensación después de un episodio es 'disgusto'. Esto enfatiza la sensación de verguenza que se lava sobre ellos

cuando acaban de terminar de bajar tres platos de fideos. La frecuencia de este sentimiento depende únicamente de la frecuencia de los episodios, y para los pesados tragadores, casi siempre se sienten de esta manera. Esta sensación se intensifica justo después de un plan de dieta aparentemente bueno. Te diré por qué. Los comensales de atracón van a dieta para darse una sensación de control sobre sus impulsos. Se sienten aliviados y purificados, pero por un corto tiempo antes de que todo se derrumbe y vuelvan a la sensación que lograron evitar durante semanas, incluso meses.

2. **El miedo a no detenerse nunca:** ¿Conoces esa sensación de desesperación que llena tu núcleo cuando te sientes atascado? ¿Como si no hubiera escapatoria de tu realidad? Ese es el desorden que se mete contigo. Una vez que piensas que no hay salida, se solidifica aún más la retención que el atraco tiene en ti porque sientes que no hay otras opciones para lidiar con tu problema excepto comerlos. Comienzas a confiar en atracones para manejar problemas que realmente requieren soluciones reales. Estás atascado porque estás ladrando en el árbol equivocado para arreglar tus problemas como comer para lidiar con la pérdida o la dieta para lidiar con la verguenza.

3. **El peso es igual a la autoestima:** No importa cuánto inviertas en ofrecer un rendimiento excepcional o un personaje de stand-up, al final del día, no te sentirás digno

porque no eres lo suficientemente delgado. Empiezas a sentirte indigno de la atención y otras cosas porque estás posicionando por encima del estándar de peso deseado establecido por la sociedad. Incluso podrías pensar que nunca serás aceptado hasta que botes muchos kilos.

4. **Eres un perfeccionista:** Si actualmente estás lidiando con el trastorno del atracón, probablemente seas una de las personas más conscientes de ti mismo que conoces, pero nunca lo admitirás. Estableces estándares ridículamente altos para ti mismo y tiendes sólo a prestar atención a tus errores que a tus increíbles logros. La mejor manera de expresarlo es 'Una persona que exige perfección y nada menos de sí misma pero nunca llena de confianza de que no te quedarás corto de tu marca excesivamente alta'. Algunos buenos ejemplos de perfeccionistas en acción incluyen: Caroline es la directora del proyecto este año. Ella entra en la oficina, y todo el mundo está aplaudiendo y bañándola a ella con elogios para un proyecto bien hecho. Sin embargo, se siente inmerecida de todo eso porque está ocupada pensando en todas las cosas que podría haber hecho si tuviera un poco de tiempo extra. Otra es que Elizabeth está muy estresada por el cumpleaños de Dan mañana. Ella no tiene ni idea de qué regalo darle para buscarlo y esto le preocupa porque se enorgullece de tener siempre el regalo perfecto. No podrá soportar la reacción de Dan ante un regalo menos que perfecto. Esta personalidad

perfeccionista no sólo termina en tus hábitos alimenticios; se filtra lentamente en su vida cotidiana y los tratos.

5. **Todo es blanco y negro:** Esto es bastante auto-explicativo. Significa organizar tus pensamientos y experiencias de vida de esta manera o de esa manera con poco o ningún espacio para cualquier otra cosa en el medio. Este método de pensamiento generalmente se transmite en familias de generación en generación. Las familias afectan nuestros procesos de pensamiento más de lo que sabemos. Voy a dar algunos ejemplos de proceso de pensamiento en blanco y negro: *"mi trabajo es increíble, o mi trabajo es francamente horrible" "Me apegué a mi plan de dieta exactamente como quería o me equivoqué de nuevo" "Soy una talla 6, o estoy groseramente sobrepeso"*. Este método tóxico de ver la vida no es sólo particular para comer atracones. También afecta a las personas con bulimia y anorexia. Este método de pensar definitivamente te está preparando para comer atracones sólo por desesperación o sentimientos de culpa después de un trabajo 'horriblemente hecho' de acuerdo a ti. Este rasgo no sólo se desarrolla una vez que tienes BED; es algo con lo que ya estabas viviendo. Prueba las zonas grises, es muy brillante.

6. **Búsqueda de la aprobación de extraños:** Este comportamiento en particular sucede para plagar a todas las personas con un trastorno de la alimentación. Esto significa

poner más fe en cómo los demás te ven que en tus propias opiniones de ti mismo. Apuntar a complacer es un muy buen ejemplo y cambiarse a sí mismo para adaptarse a las opiniones y preferencias de los demás sólo para que les guste. Este patrón de pensamiento definitivamente afectará una falta de confianza en tu propia brújula y eventualmente aplastará tu autoestima para que siempre mires a los demás para hacerte sentir bien o validar tu comportamiento. Este comportamiento puede deberse a tu familia o amigos, y en este punto, probablemente te estés preguntando cómo afecta esto a tus hábitos alimenticios de atracón. Te lo diré. La sociedad tiene una forma de condicionar a las personas, especialmente a las personas que sienten la necesidad de ser condicionadas. Te dicen cómo debes mirar, hablar y actuar para poder asegurar un lugar en dicha sociedad por el bien de la validación, empiezas a estar a la espera de sus expectativas, sea cual sea esto. Hay dos maneras en que puede ir, puedes hacer dieta y luego recaer (atracón), o puedes hacer dieta, fallar, sentirte deprimido o frustrado, y luego atragantarte. De cualquier manera, buscar validación es reservarte un boleto de primera clase para comer atracones, especialmente si ya tienes el trastorno.

¿Soy un Atracador?

La gran pregunta. Lo bueno es que tengo un cuestionario bastante sencillo que puede guiarte a tu descubrimiento de si tienes o no BED. Sólo para poner esto por ahí, esto es sólo un método de generación de perfiles. No es un sustituto de un diagnóstico adecuado por parte de un profesional de la salud, que no lo soy. Entonces, ¿cómo hacer esto? Sólo cuenta cada pregunta que se sienta principalmente verdadera, y cuando llegues al final, te explicaré el sistema de puntuación. Aquí va:

1. Dejé que el tamaño de mi cuerpo determinara mi autoestima la mayor parte del tiempo.

2. Cuando me atraganto, casi siento que no soy yo mismo en ese momento. Como si me estuviera viendo meter comida en mi garganta.

3. Estoy obsesionado con el peso, el conteo de calorías y la comida. Pienso en ellos todo el tiempo.

4. Soy más propenso a comer cuando me siento extremadamente mal, solo o simplemente abrumado.

5. Me atraganto al comer mucho (consumir cantidades locas de comida en un período relativamente corto de tiempo).

6. Tengo esta sensación de asco, desesperanza, y sin valor después de un episodio.

7. Durante un episodio de atracón, se siente como si tuviera ningún control sobre mis acciones.

8. He intentado todas las dietas conocidas por el hombre, y lo he hecho estrictamente.

9. Puedo hacer cualquier cosa para asegurarme de que la gente no se entere de mi atracón. Se siente mejor como un secreto.

10. Es bastante normal para mí comenzar y dejar de las dietas tantas veces en un solo año.

11. Mi peso fluctúa mucho en un corto período

12. Prospero en una dieta o la sigo tan estrictamente como sea posible. No hay nada intermedio.

13. Tomar la decisión de comenzar otro plan de dieta me da una sensación de control sobre mis impulsos y la esperanza de un futuro más delgado.

14. Normalmente no me siento lo suficientemente bien conmigo mismo.

15. Cada vez que llegue a ese punto en mi dieta en el que siento que ya no puedo seguir porque las recompensas son obviamente menores que el esfuerzo.

16. Regularmente me encuentro en un pozo de depresión.

17. Respiro validación.

18. Siento que me amaría más si fuera más delgada. Sé que otros lo harían.

19. Soy un perfeccionista en lo profundo de mis huesos.

20. Normalmente me siento juzgada por la gente. Es casi como si siempre encontraran la culpa en todo lo que hago.

Cómo anotar: Obtienes un punto por cada elemento que contaste como principalmente cierto sobre ti mismo. Si tienes 13 o tal vez 12 puntos a tu nombre, deberías tomarlo con calma porque estás mostrando muchas banderas rojas para el trastorno de atracones. Estás colgando de un hilo delgado sobre la línea entre BED y simplemente atracones simples, pero será prudente prestar más atención a frenar tus banderas rojas.

Si tienes más de 15 puntos o exactamente 15 puntos a tu nombre, definitivamente eres un comensal de atracón, y no estoy haciendo esto para asustarte. Se trata más bien de crear conciencia y tratar el problema. No es un virus, por lo que se puede arreglar. Quédate conmigo.

Diferentes maneras en que tu cuerpo sufre como un atracón

Es posible que usted no se tome muy en serio el consumo excesivo de atracones porque puede pensar que el único efecto que tiene son las fluctuaciones de tamaño, pero eso no es todo lo que hay. Trastornos alimenticios, especialmente atracones, han allanado el camino para una gran cantidad de efectos secundarios muy desagradables, peligrosos, y muy dolorosos. Efectos secundarios como la erosión del esmalte dental o el crecimiento de un cabello muy blando y suave en los brazos llamado lanugo o algo potencialmente mortal como insuficiencia cardíaca. A pesar de los efectos de la superficie, comer atracones hace un gran daño grave a su cuerpo, mucho más allá de lo que se puede percibir y estos daños están lejos de ser bonitos. Tomemos lanugo por ejemplo, es un efecto secundario seguro fuera de trastornos de la alimentación y a pesar de lo impactante que es, no es exactamente alto en la escala peligrosa. Sin embargo, no puedo decir lo mismo de los demás. Estos otros efectos son francamente peligrosos y potencialmente mortales. Imagina que tu vida está amenazada por tus hábitos alimenticios un tanto intencionados que ni siquiera sean un coche o un asesino en serie. Lo bueno es que un buen número de los daños se corrigen mientras estás en tratamiento para el trastorno. Los otros no son tan tratables, lo que te hace deteriorado de por vida, y apuesto a que no quieres llegar a ese punto de no retorno, ¿verdad?

Si te preguntas por qué te digo todo esto, es porque ser consciente es una de las principales armas que deberías tener en tu inventario. Cualquier aumento en la conciencia sobre la verdad de BED, no importa lo poco, puede contribuir mucho en ayudar a una recuperación rápida y constante. Ahora echaremos un vistazo rápido a los peligros que acompañan a los atracones y los efectos nocivos en el cuerpo humano. Los trastornos alimenticios no vienen exactamente con etiquetas o un manual, por lo que su armamento consiste en su conciencia y comprensión del problema y la voluntad de tomar mejores decisiones sobre su bienestar. Echemos un vistazo a los riesgos para la salud:

- **Deshidratación**

Esto te pone en un alto riesgo de insuficiencia cardíaca y mucho más. Recuerde, una de las principales causas del atracón es la dieta estricta. Esta inanición le roba a su cuerpo algo más que los nutrientes obtenidos de alimentos sólidos. También estás perdiendo la hidratación. El agua es esencial para las funciones diarias del cuerpo. Cada alimento que se te ocurra contiene algún tipo de nutrición líquida que no se puede sustituir por solo agua, y robarte severamente el consumo de estos nutrientes y agua puede hacer que el cuerpo se deshidrate durante algún tiempo. El consumo de buenas grasas y carbohidratos es también una de las causas de la deshidratación. Tal vez te preguntes qué hace que la hidratación sea tan importante. Te lo diré; la hidratación contribuye al aumento en los niveles de ciertos minerales llamados electrolitos. También afecta a la función cardíaca. Los electrolitos son minerales simples pero importantes como el potasio, el sodio y el calcio que pueden derretirse en líquidos. Una vez que se disuelven por completo, tienen la carga eléctrica de positivo o negativo. Esta carga les permite comportarse como vehículos de transporte que mueven materiales dentro y fuera de las células de la carrocería, siempre que sea necesario. Estos minerales también llevan impulsos eléctricos a las fibras musculares para que se muevan. El potasio y el calcio son los minerales que manejan especialmente uno de los órganos más importantes del cuerpo, el corazón. Estos electrolitos son responsables de inducir un latido normal y constante del corazón. Cuando hay un desequilibrio de electrolitos, uno de los resultados puede ser un ataque cardíaco repentino, insuficiencia cardíaca irreversible e incluso la muerte. Todos nos deshidratamos de vez en cuando y debemos arreglarlo lo más rápido posible, ya que es uno de los primeros signos de paro cardíaco seguido de un latido irregular del corazón. Si estos síntomas se dejan sin controlar, puede ocurrir lo siguiente:

- **Atrofia del músculo cardíaco:** En términos simples, esto significa que los músculos del corazón se están debilitando. Cuando el corazón está débil, no latirá correctamente, y si niegas a tu cuerpo los nutrientes necesarios que necesita para repararse a sí mismo, el problema sólo empeorará. El corazón no es inmune al hambre, pero se ve afectado tanto como cualquier otro órgano. También necesita un poco de amor.

- **Presión arterial baja:** Esto sucede cuando el cuerpo está tratando de usar menos energía para funcionar. Cuando te mueres de hambre, tu cuerpo básicamente cambia de marcha al modo de ahorro de batería, y esto es peligroso.

- **Hipotensión ortostática:** ¿Alguna vez te has levantado demasiado rápido y has sentido esta ola de mareos? Esto sucede cuando la presión arterial es baja y el corazón está luchando para bombear sangre.

La falta de electrolitos afecta incluso a la eficiencia del sistema nervioso para responder a los estímulos. Esto es muy manejable cuando estás bastante sano, pero es peligroso cuando el corazón ya está débil. Puede llevar a una serie de eventos muy desafortunados, ya que su corazón es la potencia que ha estado funcionando desde su nacimiento. De todos modos, suficiente sobre el corazón, por ahora, hay otros efectos muy dañinos de la deshidratación (desequilibrio de electrolitos) como insuficiencia hepática o daño permanente, debilidad muscular o inmovilidad, insuficiencia renal o daño permanente, convulsiones, agites, etc.

La deshidratación es particularmente peligrosa cuando la diabetes tipo 1 o 2 están involucrados. La deshidratación altera el nivel de azúcar en sangre, y demasiado azúcar en el sistema puede ser muy peligroso para algunos tejidos del cuerpo y puede hacer un número permanente en ciertos órganos como los riñones y los ojos. Otro problema relacionado con la diabetes son los medicamentos. Muchos de los medicamentos que mantienen vivas a las personas con diabetes tienen un aumento de peso como un efecto secundario importante, y al ser un atracón que se ocupa de la vergüenza de la grasa, usted sentirá la necesidad de reducir su consumo de alimentos, y esto viene con consecuencias muy mortales.

Estoy seguro de que probablemente veas la deshidratación como un monstruo con una horquilla y dos cuernos, como deberías, pero hay algunos efectos no tan amenazantes de la deshidratación. Impactan tu calidad de vida, y a nadie le gusta vivir de esa manera. Voy a enumerar algunos efectos no letales que usted ya está experimentando si usted está a dieta y un comensal atracones o debe esperar de restricción calórica estricta.

1. Estreñimiento
2. Estómago hinchado
3. Presencia de ojeras debajo de los ojos.
4. Calambres en las piernas
5. Fatiga/debilidad
6. Jaquecas
7. La incapacidad de su cuerpo para circular correctamente la sangre durante actividades extenuantes como ejercicios
8. Edema (Esto significa hinchazón en las piernas y los pies)
9. Obviamente piel seca

- **Desnutrición**

En primer lugar, esto socava los sistemas importantes de su cuerpo. Al negar el cuerpo de una nutrición adecuada a través de la inanición intencional, entras en un estado llamado desnutrición. La desnutrición es el resultado de la falta de ciertos elementos esenciales del cuerpo como grasas, minerales, carbohidratos, vitaminas y grasas. Estos minerales se consumen básicamente, y si no estás consumiendo nada o consiguiendo que se desnuden con el tiempo, y debajo de la superficie, mucho va mal con tus funciones humanas básicas como:

  - **Comienzas a faltar períodos menstruales (amenorrea):** Esto sucede porque el hambre no es exactamente una condición ideal para que tu cuerpo produzca las hormonas que generalmente inducen la menstruación mensual. Si no te mueres de hambre, otra causa podría ser el ejercicio excesivo.

  - **Problemas de fertilidad:** Esto debería ser obvio, pero lo explicaré. No hay período, no hay bebé.

  - **Pérdida de densidad ósea (osteoporosis) u minerales óseos (osteopenia):** Esto aumenta las posibilidades de fractura ósea de dos a diez como resultado de ciertas deficiencias como calcio y estrógeno. Si no es ninguna de esas cosas, su cuerpo definitivamente está produciendo una hormona llamada cortisol, también conocido como la hormona del estrés. El atracón y la purga sólo empeoran esto.

- **Posibles anomalías inmunitarias:** La ciencia ha demostrado que un cuerpo hambriento no contiene un buen número de células inmunitarias del cuerpo, y estas células son esenciales para la prevención de muchas infecciones, por lo que te estás poniendo en riesgo de cosas que ni siquiera puedo nombrar.

- **Daño o fracaso de múltiples órganos:** ¿No crees que la inanición ordinaria pueda hacer esto? Pruébalo y comprueba si todos los órganos de tu cuerpo no se aparan para las vacaciones.

- **Crecimiento aturdido:** Cuando las personas más jóvenes que todavía están en el proceso de crecimiento caen en cualquier trampa de trastorno alimenticio, esto puede restringir su crecimiento y conducir a las consecuencias de toda una vida.

- **Sensibilidad severa al frío (pies fríos y manos):** Gracias a la inanición, el regulador de temperatura corporal comienza a actuar un poco torpe, y lo que es más cuando no comes correctamente, pierdes grasa, que es esa buena capa de calor que ni siquiera sabes que está ahí. Imagínate el invierno, ¿quieres tirar tu abrigo y guantes a la cuneta? ¡Creo que no!

- **Lanugo:** Esta es una condición en la que el cuerpo comienza a crecer mucho el vello corporal. Sucede porque tu cuerpo siente que todavía vale la pena redimirte de tus malas decisiones y te está dando un buen abrigo para calentarte y pensar en una manera de arreglar las cosas. Del problema anterior, estoy seguro de que puedes ver por qué necesitas calentarte.

- **Hematomas fáciles y duraderos:** Todo el mundo necesita ciertas vitaminas para curarse de todas las lesiones, incluso las que son tan pequeñas como un corte de papel, y durante el hambre, su cuerpo está demasiado ocupado tratando de mantenerlo con vida desviando energía a todos los órganos principales y descuidando la producción de estas vitaminas curativas. Cuando su presión arterial es baja también, acaba de entrar en la zona roja.

- **Piel pálida y anemia:** La anemia es una afección en la que no tienes tantos glóbulos rojos como tu cuerpo necesita para transportar oxígeno hacia arriba y alrededor de todos los tejidos interesados. Por lo general, es causada por la deficiencia de hierro, y uno de los signos reveladores es la piel y los ojos pálidos.

- **Daño al cabello, las uñas y la piel:** Esto sucede cuando careces de vitaminas. Tu cabello y tu piel empiezan a secarse. Te rompe el pelo. Dejas que las uñas se rompan. No es bonito, te lo digo.

Ciclo de purga del atracón

La purga es una forma de expulsar bienes no deseados del cuerpo. Normalmente, el cuerpo hace esto por sí mismo a los malos como una manera de mantener el equilibrio y la buena salud, pero cuando usted comienza a inducir esta acción usted mismo, por lo general hay un problema. Algunos comensales de atracón purgan para deshacerse del 'exceso' de calorías que consumieron antes de que el cuerpo comience el proceso de absorción debido a la culpa y la verguenza de comer tanto. Echemos un vistazo a algunos métodos de purga:

- Uso de enemas

- Vómitos

- Uso de diuréticos (es decir, productos que inducen y aumentan el impulso del orinar también conocido como pastillas de agua)

- Uso de laxantes

Purgar con frecuencia te hace perder más agua de la que puedes reemplazar, lo que incluso conduce a la deshidratación, y sabes de qué se trata. La purga también causa desgaste del cuerpo y una carga de otros efectos dañinos que veremos en este momento:

- **Privar a tu cuerpo de líquidos**

Cuando purgas a través de cualquier método que te gusta, no es sólo la comida que aparece, una gran cantidad de etiquetas de agua a lo largo y purga tan frecuentemente como se atraganta no da mucho espacio para tanta rehidratación como usted necesitará a menos que usted está cien por ciento seguro de reemplazar cada gota de agua que pierdes cuando te purgas cada vez. La pérdida de agua redujo la eficiencia de las funciones de su cuerpo. Otra cosa importante que la purga te roba son los electrolitos, los mencioné antes si lo recuerdas. De todos modos, cuando purgas, creas un desequilibrio de minerales, que puede conducir a un paro cardíaco o frecuencia cardíaca lenta. Para obtener más información sobre el corazón y la deshidratación, desplácese hacia arriba hasta el tema anterior, "Deshidratación".

Como siempre, la conciencia es muy importante cuando se trata de la deshidratación mediante la purga. Tienes que entender exactamente a lo que te enfrentas. Lo primero que debes saber es que estarás poniendo órganos importantes en peligro y esto puede tener consecuencias duraderas, tal vez no tan duradera como una persona hambrienta, pero estoy seguro de que no te molestará la diferencia cuando tu salud esté en riesgo. La purga puede hacer un número de cosas sobre ti, incluso si no es letal. Otra cosa que debes saber es que si te gusta el negocio de la inanición y la purga, tienes otra cosa porque eso es como golpearte a ti mismo con un bate de béisbol con clavos. Tu cuerpo puede manejar mejor la pérdida de agua si estás comiendo, al menos, pero si no lo estás, serás demasiado débil para hacer algo al respecto.

- **Causa desgaste en el cuerpo**

La purga es una forma garantizada de causar un desgaste importante en ciertas partes del cuerpo. Estos efectos secundarios dolorosos y dañinos empeoran dependiendo de la frecuencia de purga, la cantidad de energía utilizada para expulsar los alimentos, y la cantidad de energía que su cuerpo ha dejado de lidiar con otros efectos secundarios de atracones y purga. Echemos un vistazo a los efectos de desgaste más molestos:

- **Cara hinchada:** La hinchazón de las glándulas salivales causa esto durante los vómitos.

- **Dolor de garganta:** Este daño a la garganta proviene de las herramientas utilizadas para provocar vómitos. Esto también causa asfixia.

- **Vasos sanguíneos dañados en los ojos:** Esto sucede cuando se tensa para vomitar.

- **Erosión del esmalte dental:** Puede dañar los dientes cuando con frecuencia lo expone al ácido estomacal cada vez que vomita.

- **Inflamación, ulceración o ruptura del esófago:** Esto es causado por vómitos y puede requerir cirugía como en un esófago roto. Una desgarrada conduce al shock.

- **Reflujo:** Hay un músculo en algún lugar entre el estómago y el esófago que actúa como una válvula que mantiene los ácidos estomacales en el estómago. Cuando se daña, los ácidos estomacales pueden venir a jugar, y no querrás ardor de estómago o daño en el revestimiento esofágico, ¿verdad?

- **Erosión, sangrado o ruptura del estómago:** Esto puede ocurrir cuando con frecuencia se tensa a vomitar.

- **Pancreatitis:** Esto simplemente significa inflamación del páncreas. Cuando esto sucede, el páncreas se hincha, el abdomen comienza a doler gravemente y tienes fiebre.

- **Hernia de hiato:** Esta es una afección en la que una porción del estómago empuja hacia arriba en la cavidad torácica a través del diafragma. Sucede cuando se tensa con frecuencia para vomitar.

- **Diarrea crónica:** Cuando esto suceda, sepa que ha perdido el control sobre sus deposiciones. Esto se debe al uso frecuente o abuso de laxantes.

Otra cosa importante es el peligro del jarabe de ipecacuana. Esto se utiliza generalmente para provocar vómitos, pero el uso regular puede causar intoxicación. Este jarabe es perjudicial para los músculos, y el uso frecuente causa una acumulación de él en su sistema, lo que puede resultar en cardiomiopatía, que, en términos simples, significa desperdiciar las fibras musculares del corazón. También puede causar shock, insuficiencia cardíaca, coma y convulsiones. Para que estemos en la misma página sobre esto, este jarabe puede matarte en un santiamén.

Atracones

CAPÍTULO 6

Atracón en la mediana edad

¿Crees que comer atracones sólo afectaba a los jóvenes? La población de mediana edad está saliendo en masa para buscar tratamiento, especialmente mujeres de mediana edad. Muchos de ellos ya se ocuparon de los problemas alimenticios en el pasado, mucho antes en su vida, y esta es la segunda pelea. Otros son muy nuevos en esto, sin haber experimentado nunca nada similar en la vida. Algo impactante es cuántos miembros de la generación mayor (65 y mayores) pasan por episodios de atracón mayores y otros problemas alimenticios. Los números son más de lo que muchos profesionales de la salud piensan.

Vivir en una cultura que está absolutamente obsesionada con el peso, la edad no hace automáticamente a una persona inmune a estas demandas. La presión de ser más delgado es tan abrumadora que las mujeres de mediana edad y de la tercera edad son víctimas de comer atracones.

Este capítulo está dedicado a las presiones particulares a la población de mediana edad y de la tercera edad y cómo comer atracones parece ser la idea más brillante en su situación.

Pérdida de peso y vejez

Las actividades de la generación anterior no son exactamente altas en la lista de cosas interesantes en nuestra cultura. De hecho, cuanto más viejo te haces, menos importante o cautivador te vuelves. La gente joven y hermosa que se atragante en secreto y se desperdicia son el tipo de cosas a las que preferiríamos prestar atención. Por esta razón, no ha habido mucha investigación sobre el consumo de atracones entre los ancianos y los ancianas de mediana edad, por lo que no mucha gente sabe lo mal que ha comido por comer atracones en su generación. Echando un vistazo a algunas de las investigaciones que en realidad se han llevado a cabo sobre el tema, hay piezas de información que muestran vínculos entre comer atracones y personas mayores de 30 años. También muestran un aumento en las solicitudes de tratamiento, aumento en la tasa de factores de riesgo para sus edades, y alta mortalidad debido a una serie de razones, algunas de las cuales he enumerado anteriormente cuando se discuten los efectos nocivos de comer atracones, especialmente el ciclo de atracones-purga. Esto me hizo darme cuenta de que nadie es realmente demasiado viejo para atragantarse.

Perder la lucha por la juventud y más

Cuando llegues a la mediana edad, asumiendo que aún no estás allí, te darás cuenta de que no es una brisa o un paseo por el parque emocional prácticamente. De alguna manera, sucede que la sociedad ha encontrado maneras más interesantes de enfatizar a las mujeres de mediana edad, entonces está el estrés adicional que viene con el envejecimiento, y ahora hay un aumento en los trastornos de la alimentación entre las mujeres de mediana edad, que es lo impactante. Ciertas presiones especiales pueden acentuar a las personas mayores más cerca de comer atracones.

Tener una crisis de mediana edad no es divertido a pesar de que muchos hombres y mujeres de mediana edad encuentran satisfacción en ese momento de sus vidas por sus logros de vida. Imagina que eres un ingeniero de 55 años con una esposa encantadora, cuatro hijos y un nieto. Has trabajado tan duro a lo largo de los años, ahorrado dinero, enseñado a tus hijos, hecho contribuciones que te cambiaron la vida a la sociedad, y estás a punto de retirarte de la molestia. Puedes disfrutar de tu pensión y de la dulce alegría que conlleva estar cerca de las personas que amas. Pinta un buen cuadro, ¿no? Debe ser una buena imagen, pero no todo el mundo tiene el mismo lujo, especialmente con los tiempos. Para muchas personas, este tiempo se convierte en un período de abrumadores sentimientos de presión, pérdida, siendo considerado como menos que vale la pena según la sociedad. No serás tan hermosa ni tan enérgica como solías ser, y la transición a esta realidad es una píldora muy difícil de tragar.

Presentamos la "Generación Sándwich"

Las personas en la mediana edad han sido llamadas la generación de sándwiches porque, al igual que un sándwich, por lo general están atrapados en el medio del cuidado de sus hijos dependientes y sus padres viejos igualmente dependientes. Ahora espolvorea muchas responsabilidades financieras sobre esto. Responsabilidades como lidiar con una hipoteca, ahorrar para la universidad, primas de salud para toda la familia, y mucho más. Ser de mediana edad es más complicado que tu adolescencia porque podrías estar haciendo progresos reales por primera vez en tu carrera o tratando de volver al mercado después de tener un bebé o podrías ser una de las muchas mujeres que tienen su primer hijo a los 40 años y usted hizo una entrada dramática en los años de trabajo intensivo. Todo lo que trato de señalar es que no hay tiempo en tu vida cuando vas a sentir que estás siendo arrastrado en muchas direcciones al mismo tiempo, excepto la universidad, ni siquiera sé cuál es peor. En ambos casos, tienes que hacerlo funcionar de alguna manera

La pérdida se convierte en la emoción más sentida

Mientras lidias con todas las demandas que acompañan a ser de mediana edad, experimentarás más pérdida que en cualquier otro momento de tu vida. Los recursos o las personas que te ayudaron a superar ciertas cosas ya no estarán ahí. La aceptación de estos eventos puede poner sus niveles de estrés en un tipo diferente de alto y cambiar su percepción de sí mismo. Echemos un vistazo a algunas de las pérdidas que la gente experimenta en la mediana edad.

- **Muerte:** Lo primero que puede venir a la mente es la pérdida de tus padres, y no importa cuánto trates de prepararte para eso, no te dolerá menos. Sin embargo, otra dolorosa es la pérdida de tus amigos a tantas circunstancias diferentes, previstas e imprevistas.

- **Divorciarse:** Este te destrozará la vida, y no importa si eres la persona que la eligió o te quedaste atascado con la elección de la otra persona. De cualquier manera, duele, y aunque eventualmente volverás a la pista, pasarás por un período de confusión y pérdida. Si te quedaste atascado con él, sentirías mucho más dolor que la persona que lo solicitó. Las estadísticas afirman que el nivel de vida de la mayoría de las mujeres toma un respiro después de un divorcio.

- **Sus hijos se irán con el tiempo:** Un día, el nido estará vacío. Sus hijos se va a la universidad o se mudan de la casa o incluso se casan para formar sus propias familias, y esto puede ser aliviador o doloroso. Sin embargo, este punto de la vida requiere que te redefinas a ti mismo y lo que se supone que debes hacer con tu vida. Esa es una transición muy difícil para algunos.

- **Los sueños juveniles de la juventud:** En la mediana edad, se obtiene una gran comprobación de la realidad. No eres un vampiro. Vas a dejar esta tierra eventualmente, y el tiempo se está acabando. Tienes mucho que hacer y lograr, y tan poco tiempo. Incluso podrías estar en una mejor posición para seguir esa carrera de ensueño, pero no hay suficiente tiempo para cometer un error. Es posible que debas aceptar la vida incumplida que estás viviendo actualmente o arriesgarte en cualquier nuevo camino que te gustaría tomar. Una gran decisión.

- **Fertilidad:** A pesar de no querer tener (más) hijos, sabiendo que puedes hacerte sentir algo femenina. Transferir toda esa energía a otra cosa requiere una cantidad sustancial de esfuerzo.

- **Fuerza física:** La mediana edad es el tiempo de aceptación. ¿Sabes qué más tendrás que aceptar cuando seas de mediana edad? Las nuevas limitaciones de tu fuerza. Es posible que ya no puedas ir tiempo tan largo y duro como un niño de 20 años en el gimnasio. Eso es una tontería.

- **Belleza física:** Tenga en cuenta que la belleza es relativa, y aquí, estoy hablando de la belleza definida por la sociedad. Algunas personas tienen el lujo de envejecer maravillosamente; otros no lo hacen. Además, a pesar del número de cumplidos que recibes de la gente sobre tu "belleza", es posible que no te sientas tan seguro como solías hacerlo en tus años más jóvenes debido a tu percepción actual de uno mismo, especialmente medida contra la idea actual de belleza de la sociedad.

Todo esto y más pueden reducir la autoestima de una persona y predisponerla al estrés, la frustración y la depresión, que son las principales causas de comer atracones. Comer atracones para los de mediana edad es una forma de escapar de la realidad justificadamente estresante en la que viven. Sin embargo, los contras superan a los profesionales, y comer atracones es más peligroso para los ancianos debido a sus sistemas corporales ya fallidos. Más adelante en este libro, se enumerarán los planes de tratamiento efectivos, así que relájate y sigue leyendo.

Atracones

CAPÍTULO 7

Trastorno de la alimentación por atracón en los hombres

¿Alguna vez has visto a un varón con un trastorno de la alimentación? No lo creo, pero eso no significa que no existan. Oh, lo hacen, en grandes cantidades. La pérdida repentina y extrema de peso en los hombres generalmente se atribuye a cosas como el SIDA, la depresión o incluso el abuso de drogas. Si un hombre compra dos pizzas medianas y las baja muy rápidamente, por lo general se considera normal ya que los chicos 'comen mucho'. No puede ser que esté comiendo atracones, ¿verdad? Estos son sólo la punta del iceberg con respecto a los machos y el atracón comiendo. Este capítulo está dedicado a educar a las personas en la ocurrencia de atracones en los hombres, cómo identificarlo y entenderlo. También revisaremos los factores que predisponen a un varón al trastorno de atracón y luego señalaré ciertos temas que deben tenerse en cuenta al buscar tratamiento para los hombres

Reconocer y aceptar que los chicos pasan por los episodios de comer atracones

Muchos más hombres de los que nos damos cuenta pasan por episodios de atracones. Las estadísticas afirman que más de un millón de hombres que viven en Estados Unidos tienen trastorno de atracón. El estudio más reciente de la Facultad de Medicina de la Universidad de Harvard propone que al menos el 23 por ciento de los adultos que viven con trastorno por atracón en los Estados Unidos son hombres. Las mujeres están liderando, sin embargo, en la bulimia y la anorexia, ya que sólo entre el seis y el diez por ciento de los bulímicos y los anoréxicos son hombres. En el mundo, los hombres con trastorno de atracones constituyen alrededor del cuarenta por ciento de la población afectada; algunos estudios incluso dicen que los números son mucho más altos que eso.

Los trastornos de la alimentación por atracón en los hombres están en aumento y rápido. El número de hombres que buscan diagnóstico y tratamiento está aumentando, y este desarrollo ha estado sucediendo notablemente durante aproximadamente una década. Otra cosa importante que ha salido a la luz en la última década es la insatisfacción pública masculina con su apariencia física. A muchos hombres no les gusta cómo se ve su cuerpo en contraposición a lo que la sociedad afirma que debería parecer. Estoy seguro de que ves hacia dónde me dirijo con esto. Toda esta apariencia es uno de los principales factores de riesgo para el trastorno de atracones. La sensación de insatisfacción corporal siempre se ha asociado con las mujeres, pero los hombres se están abriendo sobre el hecho de que a veces se sienten de la misma manera. Ciertos estudios diseñados para observar la cultura y los cambios culturales han afirmado que hay un puente que se desarrolla entre hombres y mujeres, y esto se debe a que la presión de la sociedad sobre los hombres para mirar, actuar y hablar de cierta manera ha ido aumentado considerablemente. La población femenina ha sido condicionada a creer que pueden lograr ese cuerpo perfecto a través de cirugía, dieta, píldoras, ejercicio y otros. A sabiendas o sin saberlo, los hombres ahora piensan lo mismo gracias a las imágenes de modelos, anuncios y artículos de revistas.

La diferencia entre hombres y mujeres con trastornos de la alimentación por atracón

Hablando desde un punto de vista general, comer atracones en los hombres es bastante similar a comer atracones en las mujeres. Los signos, por ejemplo, son muy similares. Síntomas como tener una imagen corporal deformada, vivir con miedo a engordar, tener una obsesión poco saludable con las calorías, y otros no son particulares a un solo género. Lo mismo ocurre con los comportamientos psicológicos que sumergen a fuego lento y alimentan el problema. Comportamientos como ser obsesivo compulsivo, creer que el valor es igual al peso y al tamaño del cuerpo, ser un perfeccionista y otros.

Sin embargo, hombres y mujeres cambian de ruta a la hora de decidir el tipo de cambios que desean en sus cuerpos, cómo estos cambios reflejarán su personalidad y la importancia de todo esto para las mujeres. La mayoría de las mujeres apuntan a más delgados mientras que la mayoría de los hombres miran hacia ser más grandes, buff. Según la sociedad, el macho ideal tiene un cuerpo que no contiene grasa, tiene forma de V, y tiene bíceps grande, que es un indicador de la distribución muscular adecuada y los famosos abdominales de seis paquetes.

La mayoría de las mujeres tienen miedo de las grasas porque comienzan a sentirse poco atractivas. La mayoría de los hombres tienen miedo de la grasa porque creen que les hace parecer débiles y suaves. Una buena porción de los machos insatisfechos con su apariencia física quiere ganar algo de peso mientras que la otra porción quiere arrojar algunos. De cualquier manera, el objetivo para ambos grupos es un cuerpo voluminoso esculpido. El uso de esteroides para lograr este objetivo de la perfección muscular es otra adición a las longitudes de miedo que los hombres están dispuestos a viajar cuando están motivados por cualquier trastorno alimenticio, incluso comer atracones.

Hay otras diferencias en la forma en que los hombres y las mujeres perciben todos los trastornos importantes (bulimia nerviosa, anorexia nerviosa y trastorno de atracón), y por el bien del conocimiento, vamos a brisar un poco a través de los efectos en los hombres antes de volver a la senda de atracones.

- **Anorexia:** El hambre afecta a los hombres de manera muy diferente a las mujeres debido a su biología. Reduce los niveles de testosterona, que mata inmediatamente la libido. En algunos, hace daño irreversible a su fertilidad. Irreversible lo que significa que no se puede arreglar incluso después de la restauración del peso.

- **Bulimia:** A pesar de lo improbable (no imposible) que es para un hombre purgar, por lo general se inclinan hacia otros comportamientos bulímicos como la restricción de calorías o entrenamientos excesivos y compulsivos

- **Trastorno de la alimentación por atracón:** Los hombres no están tan molestos como las mujeres sobre el comportamiento, y creo que esta es una de las razones por las que su trastorno pasa desapercibido más de la mitad del tiempo. Las mujeres experimentan verguenza debido a comer atracones, mientras que los hombres no. En su lugar, se sienten avergonzados cuando los efectos de su comportamiento comienzan a asomarse a través de la grasa en sus cuerpos

Factores de riesgo para los hombres

Aquí echaremos un vistazo a lo que predispone a los hombres al trastorno de la atracón. Algunos de los factores de riesgo que vamos a ver son similares a los que se encuentran en la sección de mujeres, pero otros tienen 'sólo masculino' escrito en todo. Mientras usted está leyendo a través de esto recuerde que la información aquí no se basa en ningún estudio definitivo debido a la falta de investigación sobre el tema. Sin embargo, estas son las mejores suposiciones de expertos en el tema, así que mantenga una mente abierta y siga leyendo.

- **Factores psicológicos:** Ciertos rasgos de personalidad pueden hacer que una persona sea más propensa a desarrollar un trastorno de atracón, y estos rasgos son similares a los que se encuentran en la sección femenina. También se pueden llamar vulnerabilidades internas. Algunos de estos rasgos incluyen:
  - Perfeccionismo
  - Necesidad de validación externa
  - Baja autoestima
  - Problemas de gestión de emociones
- **Factores biográficos:** Su educación y entorno pueden tener un efecto en su desarrollo mental, y esto puede aumentar los

riesgos de tener BED. Los factores de riesgo distintivos bajo este paraguas son los mismos para ambos géneros. Son:

o **Antecedentes familiares:** Pertenecer a cierta familia parece aumentar las posibilidades de desarrollar trastorno de la alimentación por atracones. Algunas familias tienen estilos de vida muy estrictos, casi asfixiantes. Están demasiado organizados y estrechamente unidos por una gran cantidad de reglas que no se pueden romper sin consecuencias. Otras familias necesitan una estructura. Están demasiado desorganizados, y como resultado, no pueden proteger o apoyar a los miembros de la familia tan bien como deberían.

o **Antecedentes de trauma:** Muchas personas con trastorno de atracón han tenido algún evento traumático que les ha sucedido en el pasado. Este factor no es particular a ningún género, ya que nadie es inmune al abuso o al descuido. Algunos de estos hombres sufren abuso sexual y físico, pérdida de un ser querido y negligencia porque el padre del tutor permaneció indiferente sobre sus necesidades emocionales y físicas cuando era niño. Otra cosa interesante que es particular para los hombres es la obesidad durante la infancia. Algunos hombres con trastorno de atracón han reportado haber tenido sobrepeso en sus primeros años y esto dio lugar a burlas e intimidación, ser utilizado como un chivo expiatorio, o incluso descuidado debido a su tamaño. Todas estas causas de verguenza que se extiende hasta la edad adulta. Este tipo de avergonzamiento corporal puede ser más una cosa de "mujer", pero los hombres también se ven afectados.

- **Insatisfacción corporal:** No gustarle su cuerpo, de sentirse muy insatisfecho acerca de cualquier parte de él aumenta la probabilidad de que usted tome medidas correctivas. Los hombres con baja autoestima sienten la necesidad ardiente de ser perfectos para elevar su autoestima y ser queridos por los demás. Este odio físico puede ser un arma muy peligrosa que lleva a los hombres al trastorno de la alimentación por atracones como un medio para hacer frente o solucionar 'el problema'. Los hombres participan en comportamientos de atracón similares que son peligrosos para la salud. La única diferencia entre lo que hacen es el aumento de peso en el lado de los hombres. Los machos son constantemente sometidos a la presión de los medios de comunicación para que se vean de cierta manera para ser atractivos, y cuanto más alto se pone así, más hombres físicamente insatisfechos que veremos. En mi opinión, el peso saludable y aceptable debe basarse en el índice de masa corporal (IMC) y no en los estándares de las personas que pueden o no preocuparse por usted o su salud.

- **Dieta estricta:** Seguir una dieta estricta o participar en la restricción calórica es otro factor de riesgo importante. La dieta debido a la insatisfacción corporal es algo que los hombres y las mujeres pasan. A pesar de que el calor de la perfección física es sobre todo en las mujeres, los hombres están empezando a quemarse regularmente. Ciertas categorías de hombres como los atletas u obesos sienten la presión aún más por lo que ves a los miembros de esas categorías que se inscriben en planes de dieta estrictos, lo que aumenta sus riesgos de comer atracones.

- **Desprendimiento para los deportes:** Ciertas actividades deportivas masculinas que requieren un físico más delgado son avenidas perfectas para el desarrollo del ciclo de atracón-purga. Tales actividades incluyen correr, gimnasia, lucha libre, natación, ser un jinete de caballos, y otros. Pintaré un cuadro rápido. Un atleta masculino sano regular que nunca ha tenido trastorno de atracón o cualquier trastorno en su vida decide seguir una dieta para perder algunos kilos y mantener un peso específico. Empieza muy bien, y decide seguir manteniendo los resultados. La dieta se convierte en un aspecto necesario de su vida, hace entrenamientos excesivos incluso hasta el punto de daño físico con el tiempo, y se vuelve más difícil porque el hambre está empezando a llegar a él. Su cuerpo está pidiendo más comida de la que está dispuesto a comer, luego un día, se rompe y come una gran cantidad de comida incontrolablemente. Es como si su cuerpo tomara las ingenias por un minuto, y cuando haya terminado, procede a purgar para librarse del exceso de calorías porque no debería haber comido tanto. Cualquier cosa para mantener su peso bajo control.

- **Ser homosexual:** Algunos expertos han estimado que el número de personas homosexuales con trastorno por atracones es del 20% de la población afectada. Sin embargo, no están seguros de si las características básicas de ser homosexual influyen en estos números. Hay mucha especulación de que el deseo de que los hombres gay se vean constantemente atractivos aumenta sus riesgos de tener un trastorno de atracones. Estudios definitivos, sin embargo, han demostrado que la presión sobre los hombres homosexuales para alcanzar la meta ideal del cuerpo es sólo un segundo cercano a la presión que pasan las mujeres heterosexuales occidentales.

Cómo los hombres escapan del diagnóstico de Atracón

La mayoría de los hombres tratan con sus trastornos de la alimentación por sí solos durante mucho tiempo antes de que alguien se dé cuenta de los signos. Esto se debe en parte a la ignorancia sobre el tema y en parte al secreto. Este es un problema grave porque cuanto más tiempo una persona tiene trastorno de atracón, más difícil es solucionarlo. Si el tratamiento se retrasa, las posibilidades de daño permanente aumentan (consulte el capítulo 5 para obtener más información). Es mucho más fácil para los hombres con trastorno de atracones pasar completamente desapercibido porque muchas personas, incluidos los hombres afectados, no son conscientes de la posibilidad de que un hombre sea un atracón. Los comensales varones y las personas cercanas a ellos no están exactamente atentos a los signos y síntomas del atracón. Apenas encuentras cosas que no buscas activamente. Esta falta de conciencia afecta a todos los niveles donde se puede identificar el trastorno, comenzando con el hombre afectado. Echemos un vistazo a estos niveles.

- **El hombre con el trastorno:** Hasta ahora, los hombres no han sido educados o expuestos a los métodos de prevención como las mujeres. Los medios de comunicación no desfilan exactamente afectados por celebridades masculinas como un medio de conciencia. Si un hombre es un atracón, la negación es definitivamente parte de su rutina diaria. Un atracón masculino pasaría por una larga lista de otras razones para sus impulsos incontrolables antes de que finalmente se conforme con comer atracones, e incluso eso depende de su conocimiento de su existencia. Digamos que sabe lo que es; es más probable que lo descarte como una cosa masculina. Los hombres que pasan por el ciclo de atracones y purga lo hacen de maneras menos obvias que las mujeres. Es probable que se apoyen en ejercicios excesivos. El punto es que muchos hombres no tienen ni idea de sus trastornos, y fácilmente puede permanecer así durante mucho tiempo.

- **Familiares y amigos:** Estos son los que motivan a las mujeres que les importan para identificar su trastorno y obtener ayuda. Esto se debe en parte a que generalmente se cree que es una cosa femenina, por lo que la gente está naturalmente en el mirador y en parte porque las mujeres son más abiertas sobre cosas como esta. Los hombres, por otro lado, no son de los que hablan de su peso y hábitos alimenticios con amigos y familiares.

- **Profesionales de la salud:** Algunas investigaciones han revelado que a los profesionales médicos les resulta más fácil vincular síntomas obvios como la pérdida de peso con otros problemas, no por comer atracones. Por lo general, primero pasan por depresión, SIDA y abuso de drogas porque parecen una explicación plausible para la pérdida de peso masculina.

Sinceramente, no estoy tratando de etiquetar a nadie como indiferente o negligente. Sólo estoy poniendo el hecho de que los hombres atracones que sufren de este trastorno de comer no es tan fuerte como el femenino. Aún no ha llegado a las noticias, pero es algo real. Quiero decir, como hombre, es poco probable que acuses a un trastorno de atracón de comer atracones de ser la causa de tus malos hábitos alimenticios incluso cuando los signos son cristalinos.

Hay otra buena razón por la que tantos comensales varones pasan desapercibidos y no se tratan. Esta razón es que no están tan entusiasmados por dar un paso adelante para admitir que realmente tienen un problema, especialmente cuando se dan cuenta de cuál es el problema. Se ha dicho que los trastornos alimentarios, en general, son un problema de la mujer, por lo que los hombres temen que sean emasculados, ridiculizados o incluso vistos como débiles si admiten tener un "problema de la mujer". Estos temores se suman a los sentimientos de verguenza y a la necesidad de secreto.

Ser hombre en un mundo de tratamiento conectado para mujeres.

Como hombre con desorden de atracón, si finalmente logras reconocer tu problema, meter la verguenza en una bolsa Ziploc y tomar las medidas necesarias para recibir tratamiento de buen grado en un mundo conectado a las mujeres. Este mundo no tiene limitaciones de programa. El programa hospitalario parcial, el programa de grupo de apoyo, un programa ambulatorio intensivo o incluso la terapia grupal están profundamente afectados, tanto que algunas de ellas son un programa solo para mujeres. En los que logran dejar espacio para los hombres, irónicamente, seguro que no estarán en la parte superior de la lista de prioridades. Esto significa automáticamente que por números y tradición simple, las mujeres tendrán mucho tiempo para hablar de comer atracones desde su perspectiva, que es realmente una parte importante del plan de tratamiento. Los hombres, sin embargo, no se ponen a hablar muy a menudo y como resultado, la necesidad de compartir, entender y ser entendido es aplastada. Estos grupos dominados por mujeres casi siempre tienen a los hombres sintiendo que no pertenecen. Algunas personas han afirmado que esto no debería ser un problema ya que los síntomas y las experiencias son muy similares para ambos géneros, pero creo que abrirse, hablar y ser entendido es una parte vital de la recuperación para ambos géneros, y los hombres deben ser permitidos en el Concentrado.

Algunos otros han argumentado que un hombre que vive con trastorno de atracón debe entender que cuestiones como la sexualidad, la imagen corporal y algunas otras son específicas del género y deben ser discutidas en un grupo de participantes estrictamente masculinos. Este argumento no sirve realmente a nadie, ya que todavía no existen grupos como ese. El objetivo, sin embargo, es crear una cierta conciencia del trastorno de atracones en los hombres para que se destinen más servicios a diagnosticarlos y tratarlos.

CAPÍTULO 8

Atención Plena

Le indica simplemente que significa dirigir deliberadamente su atención al presente acompañada de cualidades como la curiosidad, la aceptación y la compasión. Cuando practicas la atención plena, aprendes a vivir el momento mientras disfrutas de tu experiencia en lugar de preocuparte por el pasado o el futuro. El pasado ya no existe, ha sucedido, y realmente no hay nada que puedas hacer más que demorar en ello. El futuro es totalmente un misterio y claramente no está aquí todavía. El presente, sin embargo, está aquí, y sólo ahora tienes que vivirlo de verdad.

La atención básicamente te enseña cómo experimentar este momento y cada cosa que viene con él. Esta es la manera de aprovechar al máximo en este momento (el único momento que tienes que tomar decisiones, sonreír, crear, pensar, vivir, escuchar o actuar) y convertirlo en las experiencias más satisfactorias de tu vida. Puedes aprender y practicar la atención plena a través de la meditación regular durante tantos minutos u horas como quieras. Este capítulo es sólo una introducción a la atención plena, y en unos pocos, vamos a discutir la atención plena en relación con el atracón. Estoy seguro de que ya puedes ver la conexión pero si no puedes, lo harás pronto. Quédate conmigo.

Entender el significado de Atención plena

La práctica de la atención plena fue creada originalmente en los tiempos antiguos y son practicadas principalmente por personas de la cultura occidental y oriental. La palabra "mindfulness" es una traducción al inglés de Sati, una antigua palabra india que significa conciencia, recuerdo y atención. Vamos a hablar a través de estas palabras:

- **Conciencia:** Este aspecto de la atención plena te asegura consciente y existe activamente en tu entorno inmediato. La conciencia te hace notar todo lo que te rodea; es literalmente el acto de ser consciente.

- **Recordar:** Este te dice que recuerdes observar cada momento hasta que la experiencia haya terminado activamente. Una persona consciente se olvida rápidamente.

Recuerde que es una traducción al inglés de los *rememorari,* una palabra latina que significa ser consciente de nuevo.

- **Atención:** Esto es simplemente conciencia que se dirige a un objeto, persona o sentimiento en particular. La atención plena te enseñará a tomar mejores decisiones sobre dónde invertir tu atención y cómo sostenerla.

Suponiendo que quieras involucrarte en comportamientos conscientes como una forma de lidiar con el estrés. Mientras estás en el trabajo, estás abrumado con pensamientos acerca de una presentación para la que te estás preparando, y estos pensamientos comienzan a causarte más estrés y ansiedad. Una vez que te das cuenta de esta situación, necesitas acordarte que dirijas tu atención a tu respiración y la mantengas allí en lugar de dejar que tu mente corra a través de todas las formas posibles en que la presentación podría salir mal. Enfocarse en su respiración con una suavidad y una cierta quietud le ayudará a calmar lenta pero seguramente.

El hombre que dirigió consciente hacia una ruta más terapéutica, el Doctor Jon Kabat-Zinn dijo que la atención plena es un hábito que se puede desarrollar dirigiendo su atención aquí y ahora de una manera particular que es completamente poco reactiva, carente de juicio y de corazón abierto. Vamos a hablar a través del significado de estas cosas:

- **Aquí y ahora:** La realidad de vivir verdaderamente en el momento presente significa que hay que observar la naturaleza de las cosas tal como existen o están sucediendo en este momento. Las experiencias son relativas y deben ser únicas.

- **Dirigir la atención:** No hay atención plena sin prestar atención a lo que usted decida prestar atención.

- **Respuesta no reactiva:** Por lo general, hay una respuesta inmediata a los estímulos externos, sin importar lo que sea. Esta respuesta automática es el resultado de la condición previa de la sociedad, la familia y los amigos. Un buen ejemplo es cuando crees que todavía tienes tanto trabajo que hacer, automáticamente reaccionas de cierta manera a la sensación que acompaña ese pensamiento. La atención plena se trata más de responder a tus experiencias que de reaccionar automáticamente a tus pensamientos. No, no son lo mismo. Una respuesta es cuidadosamente pensada y deliberada, una reacción realmente no deja mucho espacio para el pensamiento.

- **Falta de juicio:** A veces, se siente casi imposible no juzgar nada, ya sea malo o bueno. Hay un tipo diferente de dicha que viene con descartar el juicio. Esto le ayudará a percibir las cosas por lo que realmente son en lugar de ponerlas a través de un filtro de juicio basado en experiencias pasadas e influencia externa.

- **De corazón abierto:** La conciencia plena se refiere al corazón tanto como a la mente. Ser de corazón abierto es ser cordial, cálido, compasivo y amable, también, mientras tienes tu experiencia. Un buen ejemplo es notar que crees que eres inútil al tratar de meditar, entonces aceptas muy bien que este pensamiento voló a través de tu cabeza antes de dejarlo ir y devolver con calma su enfoque a la meditación.

Mirando la meditación consciente

La meditación consciente es un tipo específico de meditación que ha sido probada y bien estudiada, incluso en entornos clínicos. Este tipo de meditación no se trata de la ausencia de pensamientos en tu mente. En su lugar, es el acto de dirigir la atención a un objeto, movimiento, sentimiento, pensamiento o sonido en particular. Incluso puedes centrarte en la conciencia de tus propios pensamientos y al escucharlos, puedes trazar ciertos patrones como un bucle. Cualquier cosa que pase por tu mente en un momento dado tiene más efecto en cómo te sientes de lo que te das cuenta de que la conciencia es muy útil cuando se trata de lidiar con dichos sentimientos. Durante la meditación consciente, puedes elegir centrarte en uno o más de los siguientes:

- Cualquiera de tus cinco sentidos.

- Tus pensamientos o sentimientos

- La sensación de tu respiración

- Lo que sea que sea más consciente en ese momento

La meditación consciente tiene dos ramas distintas. Vamos a echarle un vistazo:

- **Meditación formal:** Este es el tipo de meditación que planeas. Intencionalmente haces tiempo para estar quieto y meditar. Tomar esta decisión te permite prepararte para profundizar tu meditación y entender más acerca de tus pensamientos y sentimientos. También te enseña a ser consciente durante más tiempo del que estás acostumbrado con un toque de bondad y curiosidad dirigido a tu experiencia y a ti mismo. Esta meditación es una forma de entrenamiento mental.

- **Meditación informal:** Esto puede suceder en cualquier momento durante el día. Este tipo de meditación significa deslizarse en el estado meditativo de su día y realizar sus actividades habituales como limpiar, comer, conducir, cocinar, tener una conversación, etc. Al hacer esto, te vuelves mejor y mejor en la atención plena mientras entrenas tu mente para permanecer en el presente y evitar el columpio de un lado a otro entre el pasado y el futuro. Practicar este tipo de meditación te enseña a mantener la calma mientras eres consciente de lo que estás haciendo en cualquier momento del día.

Practicar la meditación no significa hacer ensayos. Significa participar en el acto de meditación tan a menudo como puedas. Algunas personas hacen esto con la intención de perfeccionar el arte de la meditación un día, que es realmente una manera equivocada de hacer esto. No hay absolutamente ninguna necesidad de poner su meditación bajo el microscopio. Es simplemente una experiencia, su experiencia. La atención es una herramienta útil, especialmente con respecto al atracón, porque son opuestos absolutos. La atención plena se puede utilizar en diferentes áreas de la vida, como caminar, trabajar, comer, cocinar, etc. Meditar conscientemente como un atracón le ayudará a centrarse más en la razón detrás del impulso en lugar del impulso en sí. O siempre puedes comer conscientemente. Veamos de qué se trata.

¿Qué es la alimentación consciente?

¿Recuerdas tener la costumbre de volver a casa por la noche y caer en el sofá para ver una película con un tazón increíblemente grande de papas fritas? Literalmente masticarías sin pensar el contenido del tazón hasta que llegues adentro para no encontrar nada a la izquierda, y estás a mitad de la película. Te los comiste absolutamente todos.

Lo que haría es ir a buscar más, en parte porque honestamente me gustarían más mientras veo una película y en parte porque planeo degustar el sabor y disfrutar de cada bocado esta vez porque de eso se trata comer conscientemente. Esto incluye reconocer la sensación de cada chip en mi dedo cuando lo recojo y luego reconocer y saborear el sabor salado cuando lo pongo en mi lengua. Todavía implica la conciencia del sonido fuerte que cada mordida hace mientras mastico lejos y el sonido que hace en mi cabeza. Mientras me como conscientemente las patatas fritas, registro su consistencia exacta contra mi lengua y la sensación de mis dientes moviéndose uno contra el otro. Siento que mi saliva moja las virutas mientras procede a la parte posterior de mi garganta para deslizarse por mi esófago. Comer consciente requiere que sienta la comida en mi vientre y la conciencia del placer que recibí mientras comía. Durante este período vigilante, noto la expansión de mi estómago a medida que se llena de comer. Acabo de experimentar cada bocado desde el principio hasta el final. Desaceleré cada sección del proceso de alimentación para ser totalmente consciente de cada uno de ellos y sentir una cierta conexión con ellos.

Así es, sólo hay un pequeño ejemplo de comer conscientemente, y haré todo lo posible para dejar caer la lira en el camino antes de que el libro termine. El punto en el que debes centrarte mientras lees es que esta es una manera probada y seguramente efectiva de remodelar tus hábitos alimenticios y desarrollar el control sobre tu mente y la manera de hacerlo es reconocer y entender tus propios patrones de pensamiento, tus diferentes apetitos y estados de ánimo emocionales en lugar de tener sus viejos, impulsivos y habituales pensamientos para ejecutar el juego. Comer conscientemente se trata de lo siguiente:

- Reconocer sus signos de hambre y plenitud.

- Dirigir su atención a todo el proceso de alimentación como ser consciente de la sensación de la horquilla en los dedos.

- Tener cierta conciencia de cómo comes.

- Elegir probar realmente la comida sintiéndola y saboreándola.

- Comer estrictamente para alimentarse y exigir el hambre no necesita porque hayas tenido un mal día.

- Reconocer y entender los sentimientos que te hacen querer comer (comer por gusto). Estos son tus desencadenantes emocionales.

- Ser consciente de sus opciones de alimentos.

- Desarrollar una mentalidad consciente y menos juiciosa.

- Mantenerse presente y reconocer los cambios de apetito.

- Elegir ser observador y estar alerta a sus pensamientos acerca de la comida.

- Elegir dejar de hablar de pensamientos críticos

- Reconocer y aceptar alimentos por lo que es y no poner algunos en la categoría prohibida.

- Sensación de conmoción de pre-comer y post-comer.
- Mostrando compasión hacia ti mismo y hacia los demás
- Aceptando tu cuerpo y todo tu ser como realmente son.

Comer sin sentido (atracón) se clasifica por lo siguiente:

- Elegir comer debido a desencadenantes emocionales en lugar de hambre física.
- Tener una rutina de comer o habitual.
- Multitarea mientras comes (como conducir, caminar, hablar, etc.)
- Pastando comida.
- Elegir saltarse el desayuno y otras comidas.
- La incapacidad para dejar de comer a pesar de sentirse lleno.
- Elegir ignorar el hambre y las señales corporales como baja energía o una barriga retumbante.
- Comer para mayor comodidad.
- Ser un ávido miembro del club de platos limpios, es decir, se come todo en su plato a pesar del tamaño de la porción.
- Vivir para comer en lugar de comer para vivir.

- Aceptar que no tienes control sobre tus hábitos alimenticios.

- Comer como si estuvieras en trance.

- Dejando espacio para el "debería" y "no debería" para hacerse cargo del consumo de alimentos.

Cambio de la alimentación del piloto automático

Sentarse en el centro del trastorno de atracones es comer en piloto automático. Necesito que te tomes un tiempo para pensar en lo que se siente estar en un auto en piloto automático, y de repente chilla hasta detenerse y te despierta con una sacudida. Ahí es cuando descubres que te has pasado durante todo el viaje. Ese derecho, está el cambio de conciencia que tiene lugar cuando te bajan de vuelta a la realidad después de conducir distraídamente de vuelta a casa en lugar de la oficina. Tu conducción fue impecable, tus manos giraron la rueda cuando debería haberlo hecho, y tus piernas sabían cuándo golpear los frenos. Sin embargo, no estabas ahí para nada de eso. Esto sólo nos recuerda lo fácil que es hacer incluso las cosas más complicadas con cero pensamiento o conciencia. Imagina lo fácil que sería comer cuando estés en piloto automático. Sólo sostén tu cuchara y cava, no hay necesidad de estar consciente para que no haya pensamiento involucrado. Lo malo son pensamientos y acciones que logran escapar de tu conciencia los cuales continúan **sin** tu conciencia y pueden terminar llevándolo a lugares a los que no quieres ir. Los comportamientos poco saludables encuentran una manera de persistir sin su conocimiento. Por ejemplo, puedes decir automáticamente "Es la 1 p.m. y es el tiempo para tomar un aperitivo" o cuando te sientes en el sofá por la noche listo para ver una película, siempre tienes un tazón de pretzels a tu lado o simplemente te encuentras automáticamente comiendo en una caja de galletas cada vez que estás estresado. Estos hábitos son casi reflejos. Los haces tan distraído y sin esfuerzo que se puede asemejar a cepillarse los dientes cada mañana o peinarte el cabello, sólo cosas que haces con poco o cero pensamiento.

Si tienes un hábito o hábitos alimenticios sin sentido, van a permanecer exactamente eso, sin sentido, hasta que decidas cambiar el conocimiento de ellos. Cuando los hábitos alimenticios de atracones ocurren mientras estás consciente, estás en posición de pensar en maneras efectivas de frenarlos. Usted puede recordar encontrar maneras creativas de dejarlos ir y formar hábitos alimenticios saludables.

Estar atento

En este momento, mientras lees, estás teniendo tu primer sentir a la atención plena, pero realmente absorbes y entiendes estas palabras; usted necesita cambiar del modo automático y prestar atención a las palabras que está mirando en este momento. La atención plena involucra no sólo tus ojos, sino todos tus sentidos. También debe ser consciente y tomar nota de sus reacciones mientras lee. Otra cosa importante es aceptar todo lo que estás viendo en este momento sin juicio. Eso no significa que les creas o los practicarás; simplemente eliges no juzgarlos. Me gustaría que mantuvieras en mente estos aspectos de la alimentación consciente mientras lees:

- **Conciencia:** En relación a tus sentidos. Fíjate en las cosas, huele, míralas, tócelas y pruébalos.

- **Observación:** Necesito verte a ti mismo como si fueras un forastero mirando hacia adentro. Debería sentirse como si estuvieras observando tus acciones en una película. Toma nota de cómo comes. ¿Comes rápido? ¿Lentamente? ¿Tomas bocados grandes o pequeños?

- **Existente en el momento:** Vivir en el presente mientras comes es más importante de lo que la gente se da cuenta. Cuando estés comiendo, concéntrate en eso. No te molestes por el futuro o el pasado porque no puedes hacer nada al respecto. Sólo puedes influir en lo que estás comiendo en este momento.

- **Soltar:** Necesito que elijas no aferrarte a tus desencadenantes emocionales, es decir, los pensamientos y emociones que te empujan a comer. Aprender a no responder a un impulso es muy importante. En lugar de una respuesta, la dejas ir.

- **Teniendo en cuenta tu entorno:** necesito que eches un buen vistazo a tu alrededor, no solo mires. ¿Ves alguno de tus gatillos? ¿Quizás te activen cuando la comida está al alcance de la mano? ¿Hay algún comercial que te haga querer comer algo? ¿Hay algún objeto que te traiga malos recuerdos que necesites para calmarte con la comida? Tienes que ser consciente de estas cosas.

- **Cero Juicios:** Tome toda esa crítica, culpa y vergüenza y luego métalo violentamente en la basura. En lugar de esas emociones, habla amablemente contigo mismo, siente compasión por ti mismo. Esto ayuda con la autohonestidad sobre sus impulsos y la cantidad de alimentos que come. No te juzgues, sólo observa.

- **Aceptación:** Tome las cosas como son. Deja de tratar de alterar tu apariencia física de cualquier manera que se adapte a los demás. Más bien, presta atención a tu cuerpo.

Uso de la Atención plena para ayudarte

Estoy seguro de que sabes lo que se siente perder en el pensamiento. Normalmente, a medida que pasas el día y sus actividades, tu mente es libre de vagar donde pueda. Este es el funcionamiento en piloto automático, y algunos de estos pensamientos pueden ser inofensivos, pero los otros, no tanto. Algunos de estos pensamientos pueden ser francamente peligrosos y, lo que es peor, habituales. A veces, puedes perderte tanto en estos pensamientos que extrañas incluso las pequeñas cosas que suceden a tu alrededor.

Un buen ejemplo es, digamos que vas a dar un agradable paseo por el parque, pero estás pensando en tu próximo proyecto. Tus piernas se mueven pero tu mente está completamente ocupada con los pensamientos que estás teniendo actualmente. Lo primero que hay que tener en cuenta es que no eres consciente de tu entorno. Otra cosa es que te estás estresando con esos pensamientos inútiles. Te estás causando ansiedad y depresión. Si ya eres un atracador, lo primero que te viene a la cabeza es demasiado en algo, cualquier cosa, para sacar tu mente de tus emociones actuales. Sin embargo, si practicas o eliges practicar la atención plena, no arreglarás el pensamiento (el proyecto); en su lugar, aceptarás las emociones que provienen de ese pensamiento y elegirás dejarlas ir. El primer paso para ser consciente es la aceptación; naturalmente, el cambio seguirá. Si usted lide con problemas de ansiedad, en lugar de vivir en la negación o morar en el sentimiento, lo acepta, y eventualmente, el cambio vendrá. Según un viejo dicho, lo que intentamos resistir intentará persistir. La atención plena te enseña a entender que lo que aceptes se transformará. Sólo para que no te retuerza, la aceptación no tiene nada que ver con rendirse o renunciar. En su lugar, se trata de reconocimiento. Reconocer tu trastorno de atracones. Reconociendo tus desencadenantes emocionales.

Permitir que el espacio sane

Esto es para las personas de la tercera edad o cualquier persona que está pasando por cualquier tipo de dolor físico o impedimento. Las enfermedades físicas pueden ser muy deprimentes, especialmente una que ha resistido la prueba del tiempo. Su enfermedad puede ser letal, extremadamente dolorosa o ambas cosas. Su problema puede estar afectando la calidad de su vida. Tal vez usted no es capaz de hacer incluso las cosas más simples como levantarse para orinar o moverse libremente. Enfermedades como esta pueden afectar el núcleo mismo de su existencia y la depresión podría resultar.

Las personas son más propensas a desarrollar mecanismos de afrontamiento poco saludables como el atracón. Esto puede parecer justificable porque uno afirmaría tener que sacar fuerzas de cualquier lugar posible para evitar ahogarse en la desesperación y perder la esperanza. Aumento de los niveles de estrés con el tiempo han demostrado efectos claros en el sistema inmunológico, y definitivamente no lo fortalece. ¿Alguna vez has bajado la gripe después de un largo período de estrés intenso? Parece irreal, ¿no?

Se han realizado estudios sobre cuidadores que han estado estresados durante largos períodos de tiempo, y se descubrió que tenían sistemas inmunes débiles y por lo tanto eran más susceptibles a ciertas infecciones que sus colegas sanos. La atención plena es un método eficaz para tratar enfermedades, y como resultado, los niveles de estrés bajan. Esto le dará a tu sistema inmunitario la sacudida necesaria e incluso podría acelerar la recuperación asumiendo que la enfermedad no es de por vida, pero incluso entonces, te sentirás notablemente mejor contigo mismo. La atención plena se ha establecido para ser un calmante del dolor, depresión y alivio del estrés. Se ha divulgado para reducir la ansiedad, aumentar la creatividad y la fuerza de las relaciones. También se sabe para aumentar los niveles de energía y afectar positivamente su propia imagen. Cuanto más seas consciente de tus pensamientos y acciones, más fácil será para ti finalmente tener el control de tus impulsos como siempre has querido.

Atracones

CAPÍTULO 9

Frutos de los beneficios de comer conscientemente

Esté capítulo está especialmente dedicado a entender los efectos de comer conscientemente en su vida y emociones en general. Aquí exploraremos el núcleo de la alimentación consciente. El placer derivado de comer conscientemente es algo así como el tipo que obtienes de bailar. ¿Bailas porque conoces y entiendes los beneficios cardiovasculares y musculares o para hacer ejercicio cerebral al dominar complicados movimientos de baile? No exactamente, bailas porque se siente bien, te hace sentir vivo. Bailar con un objetivo específico en mente, arruina la diversión, ¿no crees? Bailar por bailar es placentero en sí mismo, pero luego bailar por diversión no elimina todos los beneficios para la salud de la ecuación, ¿verdad? No, eso es sólo la cereza en la parte superior.

Lo mismo vale para comer conscientemente. Comer con cuidado debe hacerse con amor y mucha atención. Debería tratarse de establecer esa conexión con todos tus sentidos. Debe ser sobre la curiosidad y el surf a través de las olas de tu mente. Si estás demasiado concentrado en disfrutar de los beneficios de comer conscientemente, te llevas toda la diversión. El objetivo de la meditación no es alcanzar un objetivo o destino en particular. El destino es el viaje, y eso es lo que importa. Recuerda esto mientras pasas por los diferentes beneficios sorprendentes de comer conscientemente a continuación y permite que la danza de la comida consciente fluya profundamente en tu núcleo. La relajación, las relaciones fortalecidas con los demás, el amor a sí mismo y muchos otros son sólo la cereza en la parte superior. Todo el pastel es todo lo demás. Ahora echemos un vistazo a algunas cerezas, ¿sí?

Relajación física profunda

El cuerpo físico y la mente son casi uno entre ellos mismos. Si tienes ansiedad corriendo a través de tus pensamientos, tu cuerpo aprovecha esa emoción casi automáticamente. Uno no puede existir completamente sin el otro. ¿Alguna vez te preguntas por qué nuestros cuerpos se tensan cada vez que experimentamos niveles realmente altos de estrés? Te lo diré. Esta reacción está conectada mecánicamente a nuestros cuerpos. Cuando pasamos por situaciones estresantes, comienza una reacción en cadena en toda regla, y nuestros cuerpos son pateados en el modo de lucha o vuelo. Toda esta energía pasa a través de nuestros cuerpos y nuestros cuerpos son casi siempre despistados en cuanto a qué hacer con toda esta energía por lo que rápidamente se tensa o en su caso, comienza a tragonear y querer comer.

El propósito de comer conscientemente no es conseguir que te relajes per se porque la relajación sólo en si producen más tensión. Comer consciente va más allá de eso. Se trata de ser conscientes de saber y elegir aceptar los momentos de impulsos a medida que vienen. Esto significa que la tensión requiere que conscientemente te encuentres de esa emoción, para reconocerlo. ¿Dónde exactamente, te sientes tenso? ¿Es una parte del cuerpo o un sentimiento mental? Si es físico, ¿cuál es la textura, la forma y el color de la pieza? ¿Cómo reaccionas a este sentimiento? ¿Cómo puedes redirigir esta emoción? Verás, la atención plena te hace sentir genuinamente curioso acerca de lo que estás experimentando. Ahora puedes empezar a respirar en el origen de la tensión, tomando bondad, reconocimiento y compasión con ella. No deberías tratar de cambiar o luchar contra la tensión; sólo empeorará las cosas. Es todo. Practicar esto regularmente definitivamente te relajará y te ayudará a lidiar mejor con tus desencadenantes emocionales.

Volver al tacto

Los bebés generalmente están más en contacto con sus cuerpos que nosotros. Se dan cuenta y sienten incluso las sensaciones más sutiles. Realmente disfrutan explorando y experimentando su entorno inmediato. Sin embargo, el crecimiento lentamente quita eso. Ya no eres un bebé, y sé por un hecho que ahora usas tu cabeza más que tu cuerpo. Probablemente no estés tan en sintonía con tu cuerpo ahora como lo estabas cuando todavía estabas en tus etapas de desarrollo. Tampoco tomas nota de los sutiles consejos que tu cuerpo trata de darte a través de tu mente. Mucha gente piensa que el cuerpo es simplemente una herramienta usada para llevar el cerebro alrededor, pero lo que probablemente no saben es que la comunicación mejor entre su cuerpo y mente es como una calle de dos vías. Va y viene. Comparten información, sensaciones, etc. Están en constante comunicación, ya sea que te guste o no, así que lo primero que debes hacer aquí es ser consciente de esto. Por ejemplo, usted piensa que le gusta una bebida en particular, su cuerpo responde positivamente a esto porque cuando lo bebe, los receptores en su lengua transmiten una sensación placentera a su cerebro. Esto también sucede cuando sientes que necesitas comer, tu cuerpo procede a satisfacer ese antojo. ¿Y las emociones? Cuando los hombros se tensan o tu corazón comienza a latir muy rápido, tu mente y tu cuerpo ya tuvieron una conversación sobre una emoción o grupo de emociones en particular. Tu cuerpo lo expresa físicamente.

¿Qué sucede cuando tu mente está demasiado ocupada para leer los mensajes de texto de tu cuerpo? Su teléfono ha estado zumbando durante minutos, y ni siquiera se da cuenta. Siempre que esto sucede, significa que la conexión se ha perdido y ya no conoce su entorno interno y externo. El cansancio, el hambre, el estrés y la sed son señales instintivas claras que tu mente puede recibir por más tiempo. Esta desconexión sólo empeorará si no decides hacer algo al respecto. Esta es la razón por la que algunas personas se encuentran en atragantos incontrolablemente hasta que se vuelven en sí a la realidad. Para evitar esto, usted debe practicar una técnica consciente llamada la exploración del cuerpo. Esto implica que pases aproximadamente 35 minutos o más moviendo tu atención de una parte de tu cuerpo a la siguiente. Empiezas desde la parte superior de la cabeza hasta las puntas de los dedos. Para algunos, se siente como que están experimentando su cuerpo por primera vez y les pide que quieran prestar más atención a su yo físico. La exploración corporal puede parecer mucho al principio si esta es su primera experiencia. Este es el viaje de su vida. Sentirás un montón de cosas como sentimientos de tu pasado que enterraste en un agujero de cuarenta pies por diferentes razones o emociones que llegaste a suprimir con el tiempo, dolor físico atrapado, etc. Muchas veces, las personas experimentan dolor o una cierta enfermedad durante un largo período sin una causa obvia. La meditación y la atención plena pueden ayudar a desentrañar las emociones que has suprimido a lo largo de los años que libera automáticamente la emoción. Tu cuerpo necesita ser uno con tu mente para entender mejor y manejar de manera adecuada las emociones.

Aumentar tu sistema inmunológico

Siempre que hay un problema con el cuerpo, por lo general es el trabajo del sistema inmunitario para llegar y enfrentarse a él. Si tu sistema inmunitario es de primera categoría, siempre estarás bien, pero cuando tu sistema inmunitario no está en su mejor momento, eres propenso a muchos problemas de salud. El estrés, entre otras cosas, puede debilitar el sistema inmunitario. Sabes otra cosa que hace el estrés, te deja propenso a mecanismos de afrontamiento poco saludables, pero eso no es de lo que se trata. Se trata de expulsar conscientemente el estrés para mejorar su sistema inmunológico con lo que se considera una victoria integral, pero es particularmente importante para los comensales que se ocupan de los problemas de salud que surgieron como resultado del trastorno. Verá, cuando su sistema corporal está amenazado, dirigió todos los recursos para hacer frente a la amenaza y en el proceso, otras funciones se ponen en espera. Funciones como tu inmunidad. El estrés no siempre es malo, irónicamente hablando. Cuando tus niveles de estrés son peligrosamente bajos, comienzas a carecer de una sensación de motivación y todo automáticamente te aburre. Sin embargo, si sus niveles de estrés son peligrosamente altos durante un largo período, su inmunidad se va a dejar en banquillos hasta que se enfrente a sus desencadenantes. Los comportamientos conscientes te enseñan a estar en contacto y notar incluso los cambios más sutiles que ocurren en tu cuerpo. Cómo puedes hacer esto es siendo consciente de la situación y luego pensar en maneras saludables de expulsarla en lugar de depender de comer atracones o algunos otros mecanismos de afrontamiento poco saludables. De esta manera, es 1 punto para usted y 0 para él atracón.

Reducir el dolor

Descubrir esto también me sorprendió, pero el comportamiento consciente ha sido probado y confiado para reducir el dolor en los participantes que han estado activamente comprometidos durante unas ocho semanas. Conozco a algunas personas que han lidiado con el dolor durante mucho tiempo hasta que comenzaron a practicar varios comportamientos conscientes y meditación. El dolor es una sensación desagradable que instintivamente intentamos bloquear cada vez que golpea. Usted sabe cómo accidentalmente golpeó su brazo en la puerta y luego apretó automáticamente los músculos alrededor de esa área en un intento de reducir el dolor o al menos distraerse hasta que desaparece, ese es un método que la gente utiliza para lidiar con el dolor. Otro método es la violencia. Quieres que el dolor se detenga tanto que reaccione violentamente. Esto sólo da espacio para más dolor y tensión en cada área de su cuerpo no sólo la porción afectada. A veces se siente mucho más fácil combatir el dolor, pero esto sólo crea una barrera entre usted y lo que siente y es posible que no lo sepa, pero usted está gastando energía para lidiar con él. O tal vez terminaría dimitiendo a la sensación y terminando ahogándose en impotencia. Esta reacción generalmente conduce a comer atracones que ni siquiera te da placer duradero porque la sensación vuelve cuando terminas de comer.

El comportamiento consciente tomará una ruta completamente diferente hacia un resultado aún mejor. Al ser consciente, usted está obligado a dirigir la atención al dolor durante el tiempo que pueda. Si es tu brazo, en lugar de encontrar una distracción o reaccionar violentamente, prestarás atención a la zona que duele. Usted necesita ser consciente de las sensaciones que pasan por esa área en el momento, y usted necesita hacerlo con curiosidad, reconocimiento y amabilidad. Esto no es magia y borra permanentemente tu dolor con un solo intento, pero con la práctica regular, comenzarás a ver que has desarrollado un mecanismo de afrontamiento saludable. Después de un tiempo, puedes comenzar a tomar más de las diferencias entre el dolor físico y las emociones extra que inconscientemente lanzas en la mezcla. La diferencia entre el dolor psicológico y físico se hace más clara. El dolor físico se siente crudo; es ese pinchazo, quemadura o mordida que sientes. Por otro lado, el dolor psicológico se siente muy parecido a la ansiedad, la pérdida, la frustración y el estrés. Tu mente traduce el dolor físico en dolor psicológico y eso no siente Nada bien, ¿verdad?

Cuando practicas la atención plena incluso mientras comes, expulsas lentamente el dolor psicológico para que el único dolor que queda sea físico. A medida que el dolor psicológico se disuelve lentamente, usted debe comenzar a sentir que el dolor físico desaparece. Esto sólo es posible si cambias tu percepción del dolor y reconoces tu realidad, no huyes de ella.

Calma tu mente

¿Recuerdas cuando dije que el propósito de la atención plena no es para la relajación, pero sucede como un bono adicional? Bueno, lo mismo vale para esto. El propósito de la atención plena no es traer calma a la mente, pero es una ventaja adicional. Piensa en la mente como un océano. Un océano es salvaje en algunos días y tranquilo en otros. En algunos días, tu mente sigue corriendo de un pensamiento a otro sin detenerse a tomar un respiro. En otros días, tu mente se ralentiza un poco y te las arreglas para tener algo de espacio entre pensamientos. Ser consciente no se trata particularmente de cambiar la velocidad a la que piensas, se trata más bien de ser consciente de los pensamientos a medida que pasan volando. Este método le ayuda a dar unos pasos atrás del ajetreo y el bullicio de sus pensamientos. Al hacer esto, te mantienes por encima de ellos y lo haces de manera consciente. Los pensamientos no desaparecen, pero ahora tienes la ventaja debido a la conciencia del pensamiento o la emoción. Piense en ello como ver una película en lugar de protagonizar y ser arrojado por el director. De esta manera usted elige qué pensamientos responder y cuáles dejar ir. Esto es como llevar una armadura brillante para la lucha de atracones. Es menos probable que te activen porque tienes el control.

Escuchar tus pensamientos

Si te tomas tiempo para mirar a tu alrededor, notarás muchos objetos hechos por el hombre a menos que vivas en el río, lo cual sería genial porque me gustarán. De todos modos, todos los objetos artificiales eran sólo un pensamiento una vez. Mucha gente en todo el mundo cree en el poder del pensamiento. Cada palabra que pronuncias, cada acción que realizas, todas las actividades que disfrutas son todos productos de tus pensamientos. Esto significa que ser consciente de todos tus pensamientos automáticamente te hace consciente de tus acciones, lo que hace que sea más fácil resistir el impulso de atracones. Por lo general, es fácil conseguir que el cerebro siga los patrones habituales porque cuando piensas, los pensamientos toman una ruta en particular. Cada vez que un pensamiento en particular pasa por tu cabeza o haces una cosa en particular, hay una alta probabilidad de que lo repitas, y de esta manera, fortaleces la conexión entre las neuronas involucradas. Considéralo un entrenamiento. Esta es la razón por la que es probable que el atracón se repita después de la primera vez, y cuanto más te involucres en el atracón, más difícil será tratarlo. La falta de atención plena en estas acciones o pensamientos puede fomentar el desarrollo de comportamientos negativos e inútiles como la insatisfacción corporal que persistirá si no se corta en el brote. Esta negatividad comienza a solidificarse en todos los aspectos de tu vida sin tu conocimiento y se convierte en un círculo vicioso que no puedes escapar. La atención plena abre los oídos a tus pensamientos para filtrar mejor lo positivo de lo negativo.

Tomar mejores decisiones

La toma de decisiones es un proceso que todos pasamos todos los días, lo sepamos o no. Elegiste quedarte hasta llegar a este capítulo. Pronto, elegirás parar y empezar a hacer algo diferente. Las buenas decisiones tienen un impacto significativo en sus hábitos alimenticios. Todos los episodios de atracón que has tenido son el resultado de la elección. Elegir comer atracones, elegir ser afectado por emociones negativas, elegir su tipo de mecanismo de afrontamiento y así sucesivamente. Ser consciente de tu cuerpo físico puede ayudarte a tomar mejores decisiones. ¿Conoces esa sensación que tienes en tus entrañas por algo? Los científicos han demostrado que la señal es más precisa que la lógica real. Los estudios han descubierto que hay un haz de nervios en el intestino que se asemeja al tipo que se encuentra en el cerebro. Esto ha sido utilizado principalmente por los principales directores de la empresa en la toma de decisiones importantes. Digamos que Michael Eisner, por ejemplo, el CEO de Walt Disney, dijo que hasta 2005, su cuerpo respondió cada vez que escuchaba una gran idea. Dijo que lo sentiría en la garganta, el estómago e incluso en la piel. Como un comensal atracón, es casi como si estuviera conectado para ignorar esta sensación, ya que prefiere mantenerse desconectado. Tu mente consciente no puede manejar la cantidad de información contenida en tu mente subconsciente. Practicar el comportamiento consciente le permite aprovechar esa enorme caja de memoria; te ayuda a ser más intuitivo, más consciente del subconsciente. De esta manera, puedes controlar mejor tus impulsos 'controlables' porque estás constantemente sincronizado con tu mente y cuerpo.

Llegando a tus sentidos

Una clave importante en todo tipo de comportamiento sin ánimo de valor, incluso comer conscientemente, es el arte de estar tranquilo. Esta calma te conecta con todos tus sentidos (olor, sonido, gusto, vista y tacto). ¿Alguna vez has oído alguna de estas expresiones?

- "Eso suena sensato."
- "Siento un gran problema."
- "Ella pronto volverá a sus sentidos."

Seguro que sí. El uso popular del "sentido" nos dice que la gente aprecia y valora estar conectada con todos nuestros sentidos. Si quieres tomar una decisión plausible, automáticamente sabes la importancia de estar sincronizado con tus sentidos mientras lo haces. ¿Te preguntas cómo elegir conectar con tus sentidos ayudará a tu trastorno de atracones? Usted debe saber que si usted no está siendo enfocado en la información que viene a través de todos sus órganos de percepción, sólo está escuchando sus pensamientos y sentimientos. No sabes nada más. Verás, los pensamientos son productos de experiencias pasadas, recuerdos y sí, eres capaz de pensar en algo nuevo, pero en general, tu mente está conectada alrededor de experiencias pasadas o posibilidades futuras que dependen de experiencias pasadas.

Otra cosa que tus pensamientos influyen son tus emociones por lo que cada vez que eliges no ser consciente, te pierdes en pensamientos y recuerdos, tanto agradables como desagradables. Esto puede desencadenar un comportamiento no deseado que se actuará en piloto automático. Conectando y manteniéndose conectado a uno o todos los sentidos, automáticamente te calmas un poco. Cuando el pensamiento comienza a inundarse y los impulsos comienzan a entrar, usted puede decidir centrarse conscientemente en el sonido de su respiración o el movimiento de su cuerpo como el aire entra y sale. Al elegir dirigir su atención hacia uno de sus sentidos, usted mantiene su mente de vagar a lugares a los que no debería ir. Mantén a raya los gatillos. Esto es tan mental como físico. Estás entrenando a tu mente para que se concentre. Mientras practicas este comportamiento consciente, tu mente se desviará a veces, pero no tienes que sentirte decepcionado o frustrado. Todo lo que necesita hacer es redirigir suavemente su enfoque. Un resumen rápido de los beneficios de este comportamiento consciente en particular:

- Capacita tu atención para enfocarte.
- Te ayuda a entender que puedes elegir cambiar tu atención hacia tus sentidos de la percepción, no hacia tus pensamientos.
- Aprendes a ser amable contigo mismo cada vez que te distraes.
- Te ayuda a darte cuenta de la cantidad de poder que tienes sobre decidir a qué prestas atención.
- Ayuda a calmar tu mente.

Prepararse para la atención plena

Al decidir practicar la alimentación consciente o cualquier comportamiento consciente, usted necesita dejar de lado cualquier actitud negativa que pueda tener hacia ella. Es como comenzar una rutina de cuidado de la piel totalmente natural y pensar, "esto podría no ayudar. No creo que funcione. Digamos que empiezas a tener brotes a una semana después; en su cabeza, esto sólo demostró que su punto al respecto no estaba funcionando y se rinde inmediatamente. En lugar de toda esa energía negativa, deberías albergar una visión positiva a largo plazo para cualquier comportamiento consciente que elijas practicar. No pienses demasiado en ello, no te preguntes cuánto tiempo tomará trabajar, solo confía en que lo hará. Intentar la práctica de comer consciente va a ser rocoso al principio porque el punto de un atracón es bajarlo todo, pero esto, esto se sentirá como si estuvieras comiendo a cámara lenta. Te enseña a estar realmente presente, apreciar y disfrutar de verdad de tus comidas. Esta práctica está siendo defendida por millones de personas en todo el mundo y respaldada por innumerables estudios. La alimentación consciente y la atención plena en su conjunto van de la mano porque la alimentación consciente ayuda a frenar el exceso de alimentación, pero están obligados a repetirse si no se enfrenta a el problema subyacente, que es el desencadenante emocional. Durante mi tiempo enseñando a la gente acerca de los comportamientos conscientes, me he dado cuenta de que ser escéptico, no negativo al respecto, funciona maravillosamente. Un buen ejemplo es que tienes dudas sobre la práctica, pero sigues intentándola y apegándola por un tiempo y finalmente te das cuenta de que funciona.

Mirando más allá de la resolución de problemas

La alimentación consciente no debe considerarse como una solución rápida. Debe practicarse en los días en que crees que lo tienes todo bajo control y los días en los que sientes que estás justo al borde de perderlo. El comportamiento consciente, en general, debe cultivarse a su propio ritmo, pero de manera constante y diaria para que cada vez que las cosas se ponen rocosas, siempre puede recordar concentrarse conscientemente en su respiración para calmar el ruido en su cabeza. Piense en la práctica constante como el uso de un casco cuando se monta en bicicleta. Te pones el casco cada vez que sales a la carretera, sólo para protegerte en caso de que tengas un accidente. Nadie se pone un casco justo antes de un accidente porque honestamente no te acuerdas porque todo estaría sucediendo demasiado rápido. Las carreteras generalmente siguen siendo las mismas; la diferencia es su preparación para lo que suceda en el camino. El casco de comportamientos conscientes te ayuda a calmarte y frenar tus impulsos para que puedas pasar por la vida sin el peso de tu trastorno alimentario y desencadenantes emocionales en el hombro.

Afinando su compromiso

Cuando se compromete, se considera una promesa hecha para un curso de acción. En su caso, su compromiso es con los comportamientos conscientes que decide practicar. Esta promesa se mantiene a través de la práctica constante tan a menudo como usted es capaz de, y con el tiempo, usted se encontrará haciéndolo más a menudo o incluso todos los días. Cuando decides practicar la alimentación consciente, debes elegir seguir este camino hasta la carta porque no hay atajos ni intermedios. La persistencia es también otra característica muy importante del compromiso. Si tiene la intención de lograr algo de gran valor, debe cumplir con los compromisos clave. La falta de compromiso puede hacer que te abras a caerte del vagón. A veces esto puede estar bien suponiendo que vuelvas a la pista cuando te das cuenta de que has divagado pero otras veces, las distracciones pueden ser muy malas porque te llevan tan lejos de tu práctica como puedes ir y antes de que te des cuenta, tu entusiasmo por volver será casi Nada. Entonces, ¿cómo haces y te apegas a un compromiso? Seré honesto; no hay atajos a esto. Para hacer y mantener una promesa, tienes que trabajar duro. ¿Tienes a ese amigo que siempre hace resoluciones de Año Nuevo y está realmente entusiasmado con ellas durante la primera semana, pero después de eso, están completamente despreocupadas? Crees que decidieron dejarlo ir, ¿verdad? Esa no es toda la historia. Estaban entusiasmados con ello, pero durante los primeros tres días, el resto fue una lucha y al final de la primera semana, se dieron cuenta de que no podían continuar así que lo dejaron ir. Comenzar es el primer paso. Intentar y probar es el paso dos. Elegir comer conscientemente no es un paseo por el parque porque se va a sentir como si estuvieras reconectando tu cerebro, y a veces podrías no comer conscientemente por ciertos momentos, pero ese pequeño fracaso no significa que no puedas volver a la pista para siempre. Digamos que decides dejar de tomar chocolate. Tienes unos primeros días increíbles, pero después de dos semanas, decides dar un paseo después de una llamada telefónica climatizada con tu hermano. Pasas por una tienda con una hermosa barra de tu chocolate favorito en exhibición, y sin pensarlo dos veces, ya estás en el cajero con la barra de chocolate en la mano. Tú vas por la barra justo allí en la tienda tan rápido como puedas y tiras el envoltorio en el cubo de basura. Sin embargo, al salir de la tienda, comienzas a sentir que has fallado y es mejor que abandones todo el plan ya. Eso probablemente suena como la cosa más lógica que deberías hacer, ¿verdad? Quiero decir, ¿por qué perder tu tiempo?

En lugar de rendirse, debes reconocer que ha estado apegándose a este compromiso durante dos semanas enteras. Son catorce días sin chocolate. Eso me suena bastante increíble. Catorce días de quince, eso es una victoria para mí. Tienes que apreciar tus propios esfuerzos. Sé amable contigo mismo. Mantener un compromiso es especialmente difícil frente a tus desencadenantes emocionales. Después de un día duro es un buen ejemplo. Cuando las cosas no van de acuerdo con el plan, lo último en tu mente será conseguir algo de comida y comer lentamente para que puedas degustar el sabor y disfrutar de tu experiencia, que irónicamente es lo que necesitas en este momento. Días difíciles extienden los límites de tu compromiso con tu decisión inicial de practicar a diario y lo suficientemente molesta, estos supuestos días difíciles te golpearon en consecuencia por lo que mientras te recuperas y te regocijas por saltar el primer obstáculo, otro lo golpea a usted, BAAM!

El alto y bajo de todo lo que he estado haciendo es que tienes que elegir comprometerte cada día activamente, pero incluso si no lo haces, incluso si tenías toda la intención de seguir a través, pero por alguna razón desafortunada, no podías, no hay necesidad de venir a ti mismo agresivo por ello. En su lugar, abordar la situación con reconocimiento, curiosidad y aceptación. Pase lo que pase, ya sucedió. Querías comer con atención pero no pudiste, ¿por qué? ¿Qué te desencadenó emocionalmente para que perdieras el equilibrio? ¿Qué opinas de estas preguntas? ¿Qué piensa hacer ahora?

Dominar la autodisciplina

La disciplina significa un montón de cosas diferentes para muchas personas diferentes. Para algunos, tiene algunos significados negativos y es una especie de apagado que es realmente decepcionante porque la disciplina es un aspecto vital de mantener un estilo de vida saludable. Considero la autodisciplina una superpotencia porque es la increíble capacidad de esforzarse a realizar una determinada tarea a pesar de su estado emocional negativo actual. Piensa en todas las cosas que puedes lograr si tuvieras una autodisciplina perfecta. Siempre habría una sensación de saber que cualquier cosa es posible si simplemente pones tu mente en ello. Imagina que decidiste aprender una habilidad en particular, por ejemplo, montar a caballo. Todo lo que tendrías que hacer es decidir aprenderlo y te asegurarías de seguir los pasos necesarios para asegurarte de que lo aprendes. Este ejemplo y muchos otros, explica hasta dónde llega el poder de la autodisciplina y por qué es imprescindible en su conjunto de habilidades. Una pequeña cosa a tener en cuenta es que la disciplina, por sí sola, puede crear una sensación de acción clínica automatizada, casi incluso fría y completamente carente de emoción. Así que si mezclas eso con tus intenciones útiles, puedes crear por ti mismo una fuente constante de inspiración para tu práctica de comportamiento consciente.

Echemos un vistazo a algunos consejos para aumentar sus niveles de autodisciplina para ayudar a sus ejercicios de alimentación consciente:

1. Perdónate cada vez que cometas un error. No lo olvides; comer consciente es una práctica a largo plazo con beneficios a largo plazo para que no tengas que dejarla caer debido a un pequeño o incluso gran lapso. Si no lo hace bien la primera vez, entiende por qué e inténtelo de nuevo con un enfoque diferente.

2. Toma las cosas muy despacio. Los estudios han demostrado que la fuerza de voluntad se puede comparar con la fuerza muscular física. Puede agotarse y hacer uso excesivo si no le das un descanso en algún momento del día, y al igual que un músculo, se puede fortalecer durante un período de tiempo, así que no intentes cambiar tu vida en un solo día. Deberías empezar con las cosas más pequeñas y subir desde allí.

3. Necesitarás creer en ti mismo para hacer esto porque ¿Cuál es el punto de intentar algo que ni siquiera crees que puedes lograr? No importa qué otra enfermedad adicional o trastorno que sufra, si usted cree que puede

practicar la alimentación consciente, usted puede. Todo lo que necesitas hacer es comprometerte y creer que puedes apegarte a él.

4. No tengas miedo de pedir ayuda. Si te ayudará a sentirte mejor o a sentirte cómodo, solicita a un amigo o familiar que lo haga contigo cuando puedan. También puede considerar la posibilidad de registrarse en grupos de soporte.

5. Reconocer y apreciarse a sí mismo. Podrías haberte estado golpeando a ti mismo en cada pequeño desliz. ¿Qué tal si disminuyes un poco la velocidad y aprecias el progreso que has hecho hasta ahora? Date una palmada en la espalda por los días que practicaste; esos son los que cuentan. Una pequeña palmadita en la espalda puede significar un buen regalo o un pequeño regalo para ti.

Atracones

CAPÍTULO 10

Pautas simples para la alimentación consciente

La alimentación consciente es más o menos una habilidad como otras que se puede aprender a través de la práctica persistente. Esta habilidad no nos da ninguna nueva habilidad per se. Sólo despierta la conciencia que ya existe dentro de cada uno de nosotros. Esta conciencia es normalmente una habilidad latente que sólo cobra vida en ciertos 'momentos pico'. Sin embargo, siempre podemos despertar lo que está latente dentro de nosotros. Se puede dirigir a diferentes aspectos de la vida, incluso comer. La atención plena se puede dominar a través de breves momentos intermitentes de enfoque constante en nuestras experiencias. Aquí vamos a explorar las pautas para la alimentación consciente:

Tranquilo

Se ha observado que los estadounidenses comen muy rápidamente. Muchas personas han informado que sólo quieren comer rápidamente y terminar con esto. Esta actitud estadounidense hacia la comida no es un nuevo desarrollo. Se ha registrado que los extranjeros que pagaban visitas a tabernas americanas hace siglos se quedaron estupefactos a la velocidad a la que se consumían los alimentos. Esta técnica de alimentación se llamó las tres Gs (gobble, gulp, go), y significa engullir, tragar e ir. Un historiador, desde Tennessee, escribió en su diario que una visita a las colonias madostró la actitud de prisa, ajetreo y hambre mostrada por los clientes habituales de la posada. Estaba perplejo con la velocidad a la que la gente rellenaba sus caras. Otro europeo que visitó Estados Unidos en aquellos tiempos registró su asombro al presenciar una gran cantidad de comidas aceleradas en su posada.

Este hábito alimenticio no se ha reducido con los años. De hecho, sólo empeoró. Los estudios han revelado que los norteamericanos almuerzan en un restaurante en sólo once minutos, y en la cafetería en sus lugares de trabajo, comen durante dieciocho minutos. Se ha observado que los estadounidenses comen mientras hacen otras cosas como conducir, ponerse de pie o incluso caminar. Son propensos a comer y realizar otras actividades al mismo tiempo. Es casi como si la comida se deslizara y quisieran lidiar con ella lo más rápido posible. Hay alimentos hechos para este propósito de comer sobre la marcha. Los alimentos yogur se pueden comer cómodamente mientras se conduce. Todo lo que necesita hacer es apretar un extremo del tubo con una mano y conducir con la otra. Incluso hay baberos adultos que están hechos para comer sobre la marcha para que no derramemos el contenido de nuestra comida a nuestra ropa de trabajo.

En muchos países europeos y asiáticos, sin embargo, este hábito alimenticio es visto como un simple bárbaro y es muy impactante. He oído historias de la actitud de comer de los franceses. En un restaurante típico francés, el proceso de navegación a través del menú en una cuidadosa búsqueda de qué comer toma más de treinta minutos. Este es el momento de discutir con el camarero y hacer todas las preguntas necesarias sobre las posibilidades de comida antes de finalmente establecerse en una elección. Hemos detectado un problema desconocido. El chef se ofendería si simplemente comiera la comida sin pensar mientras realiza otra actividad como pasar por su teléfono. Para ellos, una comida es casi como un ritual donde el placer no sólo proviene de la comida en sí, sino de la anticipación de la comida y la bebida que lo acompaña. La única apreciación requerida por el chef, el personal de espera y el gerente es la atención adecuada a la comida y la bebida. Esto es más para ellos que cualquier cantidad de dinero.

Los japoneses consideran comer mientras caminan no muy buenos modales. Recientemente se hizo algo aceptable comer y caminar al mismo tiempo en Japón, y esto no está permitido para todo tipo de comida. Sólo se limita a los conos de helado y esto es porque se derretirá. Se espera que todas las demás comidas y bebidas se coman conscientemente mientras están sentados. Sin duda hay tiendas de comida rápida que venden cosas como bollos rellenos al vapor, pollo frito y croquetas de papa caliente, pero la comida nunca se come sobre la marcha. En su lugar, se lleva a casa, en un plato, a veces adornado y debidamente comido con atención.

Cómo reducir el ritmo rápido de su alimentación y bebida

- **Aprender a hacer una pausa**

Algunos métodos útiles para hacer una pausa mientras aprendes a comer conscientemente son:

- Antes de cavar, deténgase para observar todos y cada uno de los alimentos, tomando nota de los colores, formas, texturas y disposición en el tazón.

- Cuando eso termine, muestre gratitud. Tómese un tiempo para apreciar los animales y plantas que aseguraron que estaría comiendo la comida. Gracias a la gente que se aseguró de que la comida llegara a ti. Sé agradecido porque la comida es un regalo.

- Cavar en la pausa para apreciar el olor de la comida. Piense en ello como parte de la alimentación.

- ¿Alguna vez has visto a un conocedor del vino en acción? Deberías comer así. Respira la fragancia, luego pon un pequeño bocado en la boca, rodándola en la boca. Saboree todos los gustos. Si puedes, trata de detectar tantos Ingredientes como puedas. Ahora masticad lentamente y procedea a tragar. Bebe un poco de agua para enjuagar el paladar, y cuando la boca esté vacía de alimentos y todos los sabores, comienza desde la parte superior.

- Si te atrapas comiendo sin saborear la comida, tómate un momento para parar y observar la comida una vez más.

- **Fletcherize**

Había una vez, la licuadora de alimentos fue llamada el "fletcherize" en honor a un hombre llamado Horace Fletcher. Fletcher, en el siglo XX, dio discursos sobre cómo masticar correctamente su comida le ayudó a perder peso y volverse más saludable. Propuso que cada bocado se masticara treinta y dos veces. Si treinta y dos parece una hazaña, puedes probar de quince a veinticinco masticar antes de tragar. Presta atención a los cambios de textura mientras masticas. Además, realice un seguimiento del tiempo necesario para comer de esta manera. Usted debe comenzar con una sola comida al día, es decir, masticar lentamente durante una comida cada día. Con el tiempo, te encontrarás haciendo esto para más comidas en un día hasta que desaprendes el mal hábito de atracar sin pensar tu comida. Este método debe practicarse especialmente cuando tienes hambre y sientes que podrías comerte un gorila entero. Necesitas respirar profundamente y comer tu comida muy lentamente antes de tragar. Cada vez que tragas, puedes pensar en ello como un bonito regalo que le estás dando a tu barriga. Haz esto regularmente y obsérvate comenzar a controlar tus dificultades para comer activamente

- **Beba lentamente**

Por lo general, cuando bebemos algo, realmente no lo degustamos, lo que realmente derrota todo el punto del sabor. Esto se traduce en beber más sólo para obtener esas sensaciones breves cuando podemos simplemente ralentizar y probarlo. Hay dos maneras de beber lentamente. Una es mantener el líquido en la boca durante unos segundos y luego arremolinarlo antes de tragar. De esta manera disfrutarás y saboreas la bebida. La gente que anuncia ciertas bebidas lo hacen perfectamente.

La otra forma es beber, bajar la taza, probar y esperar hasta que el sabor se desvanezca para repetir el proceso. De esta manera es muy simple y muy fiable. Se llega a disfrutar del sabor y ralentizar al mismo tiempo. También puede hacer esto mientras come. Pon un poco de comida en la boca y luego deja caer la cuchara en un tazón. Ni siquiera pienses en recoger tu cuchara hasta que hayas masticado y tragado correctamente la que llevas en la boca. Si quieres apreciar la sensación y el sabor de la comida en la boca, cierra los ojos mientras te centras en la comida en la boca. Cuando esa ha sido bien degustada y enviada por la garganta, puede proceder a recoger su cuchara, poner comida en su boca y soltarla de nuevo. Presta atención a las reacciones interesantes que tu mente da mientras practicas esto.

- **Come con tu mano menos dominante**

Esto puede ser bastante difícil de hacer si eres ambidiestro, es decir, puedes usar ambas manos muy bien. De todos modos, este método requiere que comas con tu mano menos dominante a propósito. Esto significa que si usas tu mano izquierda para comer y hacer otras cosas, tendrás que cambiar a tu mano derecha durante aproximadamente una semana. Hacer esto puede ser bastante divertido a veces, pero muy útil incluso para problemas completamente ajenos a comer atracones. Este método entrena su mano menos dominante en general y también en preparación para cosas como un accidente o accidente parcial.

- **Usar palillos**

Este método le permitirá reducir la velocidad y prestar más atención a cada bocado. Es más eficaz si aún no has dominado cómo usar palillos. Tal vez sea uno de los secretos del tamaño asiático. ¿Alguna vez has intentado atragantarte con helado con palillos? Te llevarás una sorpresa. Si puedes usar correctamente palillos, todavía puedes intentar este método si sostienes los palillos en tu mano menos dominante o soltándolos después de cada bocado.

- **Ecuación de energía**

Este es otro método muy eficaz de alimentación consciente. Este método se denomina ecuación de energía. Deja que lo descomponga. La comida se considera una fuente de energía. Esto se debe a que es sólo la luz del sol que se ha convertido en varias formas antes de convertirse en lo que realmente podemos consumir. Cada vez que comemos algo de valor nutritivo, estamos absorbiendo un poco la energía del sol, que gastamos a medida que avanzamos en nuestras actividades diarias. Si el peso corporal no aumenta o disminuye, significa que la energía que tomamos es igual a la cantidad de energía que quemamos. Esto se llama equilibrio energético. Si el peso corporal disminuye, seguramente la cantidad de energía perdida es más que la energía absorbida. Si el peso corporal aumenta, es lo contrario. Entonces, ¿cómo obtenemos exactamente esta energía? Cada vez que comemos o bebemos, reposamos. Desafortunadamente, las calorías no pueden ser absorbidas por dormir o simplemente mirar los alimentos, a diferencia de muchas personas creen. Tienes que ponerlo en tu boca para que funcione y a veces tienes que estar ocupado para que se gaste. Otras formas en que el cuerpo utiliza energía para el metabolismo, termo-regulaciones y pérdida insensible (que es pérdida de energía durante la exhalación, micción, temblor, etc.)

Literalmente sólo hay dos caminos para bajar de peso. Usted reduce la cantidad de energía que toma o aumenta la cantidad de energía que pierde. Si el aumento de peso es su objetivo, también hay sólo dos maneras alrededor de él. Tienes que aumentar la cantidad de energía que tomas o reducir la cantidad que pierdes.

A pesar de lo obvia que puede parecer esta ecuación, mucha gente culta es ajena a ella. Esta ecuación de energía simplemente explica los cambios normales en nuestro peso corporal y los niveles de hambre. Un buen ejemplo es cómo mucha gente se da cuenta de que se siente más hambrienta en el otoño. Esto sucede porque el clima es más frío, y el cuerpo está trabajando horas extras consumiendo más calorías sólo para mantener la temperatura corporal interna. El cuerpo requiere más combustible y muchas más capas de ropa.

Cuando estás gravemente enfermo, la pérdida de peso rápida también ocurre porque el cuerpo está quemando más calorías de las que estás tomando en tratar de arreglarte. Otra forma de perder energía es a través de la purga, por lo que cada vez que pasas por el ciclo de atracón-purga, pierdes calorías y te pones en riesgo de muchas complicaciones de salud. Si la pérdida de peso es el objetivo, la mejor manera de hacer esto es controlar la entrada y salida de energía conscientemente.

Los pequeños cambios son los que más hacen. Entrando en la mediana edad, usted debe hacer más de estos:

1. Caminar a las tiendas que están dentro de la distancia de senderismo en lugar de conducir por todas partes sólo porque se puede.

2. La elección de aparcar a una buena distancia de su destino.

3. Eligiendo usar las escaleras de vez en cuando.

4. Dejar el refresco y los dulces

5. Mantener sus alimentos cómodos con un miembro de su sistema de apoyo para que pueda disfrutar sólo bajo estricta supervisión.

6. Comprar fruta congelada en lugar de helado.

7. Comprar pequeños paquetes de chips si es necesario para que pueda comerlos en pequeñas cantidades de uno en uno.

8. Comer tamaños moderados de placas hormiga primero y preguntarse si necesito un segundo plato por hambre o hábito.

9. Excavando en la comida principal primero, luego esperando un poco para saber si debería tener postre o no.

- **Ojos que no ven, corazón que no siente**

Muchas personas, incluso los comensales, están sujetas al síndrome de "ataques de alimentos favoritos". Esto significa que cuando usted anhela una cosa en particular tal vez chocolate, usted puede tener constantemente durante unas dos semanas y luego llegar a ser completamente desinteresado después. Conozco a una mujer que vivió y respiró chocolate pero hace algunos años, desarrolló una alergia al chocolate. Qué broma tan cruel, ¿verdad? Cada vez que comía chocolate, tenía estas ampollas o úlceras en la boca. Puedes imaginar que ella trató de encontrar diferentes maneras alrededor de esto. Luego se conformó durante largos períodos de abstinencia, que ni siquiera funcionó porque incluso algo tan pequeño como un chip de chocolate le encabezaría la boca con ampollas. Se sentía tan privada de su única comida de confort en ese momento. De todos modos, un día, se encontró con que las piezas de Reese contenían cero chocolate. Ella estaba muy feliz cuando su marido llegó a casa con una gran bolsa de ella y lo puso en el cajón de su escritorio. Comenzó con sólo unas pocas piezas de vez en cuando y, finalmente, creció a un puñado. Adivina lo que creció junto con él... lo hizo. Se le subieron cinco libras por atracón comiendo las piezas de Reese. Decidió observar sus acciones y cómo funcionaban estos antojos. Se dio cuenta de que la bolsa que estaba a su alcance era el problema. Cada vez que se sentaba en su escritorio a trabajar, estaba tan estresada, comenzaba a ver imágenes de la bolsa en su cabeza y automáticamente alcanzaba la bolsa. También se dio cuenta de que la cantidad de distancia que puso entre ella y la bolsa afectó en gran medida su deseo de comer en el contenido. Decidió trasladar la bolsa a la oficina de su marido al final del pasillo y esto la hizo reacia a ir a su oficina cada vez que sentía un impulso, así que en última instancia, ella se atragantó menos y con el tiempo, las imágenes desaparecieron de su mente. Los antojos disminuyeron gradualmente y ahora puede mirarlos sin querer llenar su cara. Ella se hizo consciente de su problema y decidió observar con curiosidad, y en última instancia, lo arregló con tiempo, paciencia y esfuerzo.

CAPÍTULO 11

Sistemas de soporte

Al comenzar con las cosas simples como lo que es un sistema de soporte BED. Consiste en un grupo de personas significativas, lugares sentimentales y, a veces, animales que pueden ayudarte cuando estás activamente en un plan de tratamiento fuera del universo atracón. Su sistema de apoyo puede ser útil cuando está teniendo un momento difícil, un día estresante o emociones acumuladas que prefiere no atragantarse. Hay muchas maneras en que una persona puede mostrar cuidado y apoyo a una persona con atracón y también hay diferentes tipos de apoyo que un comensor de atracón puede necesitar y esto depende del tipo de desencadenante que están tratando consigo.

Componentes de un sistema de soporte de trastornos de la alimentación de atracón

Literalmente, cualquier persona que desee puede ser miembro de su sistema de soporte BED. Si el valor de una persona para usted es importante y es capaz de darle apoyo y estaría más que feliz de ser su hombro para apoyarse en momentos de dificultad durante este viaje, no se sienta asustado o avergonzado de pedir ayuda. Muchos comensales atracones confían en familiares y amigos para componer sus sistemas de apoyo. Otros miran a amigos de Internet, colegas de trabajo, etc.

Es posible sentirse tan abrumado con sus impulsos y síntomas que usted siente que prefiere no tener el apoyo de una persona esta vez. A veces, los lugares que tienen valor sentimental y animales de compañía también pueden componer su sistema de apoyo. Un agradable paseo a su lugar favorito o un tiempo de calidad con su perro o gato podría ser todo lo que necesita para calmar sus nervios. Se siente tan bien como hablar con una persona.

Cómo formar un sistema de soporte para comer Atracón

Hablar con tu sistema de apoyo para comer atracones suele ser la mejor apuesta, pero encontrarlos es el truco porque formar un equipo de personas que se dedicarán a tu recuperación no es una pequeña hazaña. Lo bueno es que tengo algunos consejos.

1. **Compile una lista de personas de apoyo en su vida:** Esto requiere que haga tiempo para pensar y escribir los nombres de las personas que le han apoyado de una manera u otra en el pasado. Si lo desea, también puede escribir cómo exactamente te apoyaron porque esto te da una idea del tipo de apoyo que la persona es capaz de representar te. La persona que ayuda con su lavandería es diferente de la persona que le permite ventilar sus problemas a las 2 de la mañana.

2. **Compile una lista de lugares sentimentales y animales que le han ayudado a manejar mejor sus emociones en el pasado:** Para algunas personas, un paseo por el parque es muy calmante, mientras que para otros, la playa es el lugar maravilloso. Tienes que elegir tus lugares tranquilos y escribirlos. Anota una lista de animales que te calmen; es posible que necesite un viaje a la tienda de mascotas.

3. **Compile una lista de los profesionales de la salud que conoce:** Esto obviamente incluye un terapeuta de BED, luego un nutricionista, un cirujano gástrico, etc. Si usted no sabe ninguno, entonces gracias a Dios por internet.

4. **Hable con las personas de su lista:** Pregúnteles si están bien y cómodos con estar en su sistema de soporte es muy importante porque necesita saber por un hecho que estarán allí cuando los necesite. Los perros no suelen

requerir preguntar, pero es posible que desee registrarse con su gato.

5. **Utilice su sistema de soporte:** Tener un sistema de soporte es una cosa; usarlo es otra cosa. Recuerda esto.

6. **Sé agradecido:** Cuando te ayuden, asegúrate de ayudarles cuando lo necesiten. Puede ser tan simple como ayudar a planificar una fiesta sorpresa o comprar un buen regalo para un pariente. Asegúrate de que sepan que los valoras como personas y por su apoyo.

Apoyar a un ser querido con Atracón

Los familiares y amigos de los comensales siempre parecen encontrarse en un lugar difícil porque sus buenas intenciones pueden ser fácilmente incomprendidas, y sus comentarios sobre cosas como el tamaño del atracón o las preferencias o acciones alimentarias pueden ser un desencadenante emocional por la necesidad de llenar sus caras.

La vergüenza es uno de los principales desencadenantes y es la más afectada, incluso involuntariamente. El miedo, la ira y el resentimiento están siguiendo de cerca. El miembro de la familia o amigo ni siquiera tiene que ser realmente crítico o incluso tener un juicio para desencadenar estas emociones. Esto se debe a que una persona que ya se siente avergonzada por su cuerpo o sus hábitos alimenticios se verá fácilmente afectada si y cuando se presentan estos temas. A veces un comentario inofensivo como "comiste menos de lo normal hoy en día" o "has perdido tanto peso", lo que incluso podría ser concebido como un cumplido, podría hacer que los comensales se sientan avergonzados de los malos hábitos alimenticios anteriores. Los comensales de Atracón son muy sensibles a las personas que tratan de controlar su cuerpo o hábitos alimenticios y es probable que surja la necesidad de comer y es probable que el atracón sucumba a esa sensación. Podrían terminar comiendo compulsivamente porque se sienten heridos y rebeldes.

La familia y los amigos que deseen ser útiles pueden comenzar por tener una conversación tranquila con la persona con BED. Sólo intentas hablar, ¿de acuerdo? Usted debe comenzar expresando su necesidad de ayudar y simplemente pregunte si hay algo que puede hacer o decir para ayudar **si** usted nota que están cayendo fuera del vagón. Puedes ir tan lejos como sugerir actividades que puedes hacer juntos como la meditación consciente para calmar a la persona cuando empiezan a sentirse abrumado por sus emociones, o puedes decidir ir a caminar con ellos o jugar un divertido juego que sabes que les gusta. Cada atracador es diferente, pero se acuerda que un deseo completamente genuino de ayudar en ausencia de rencor o juicio puede ir un largo camino en mantener sus síntomas en control.

Atracones

Conclusión

El trastorno de la alimentación del atracón es un trastorno generalizado que poco a poco está convirtiéndolo en los medios de comunicación convencionales con las mujeres como foco principal, pero nadie es inmune a las garras del BED. Aprender a manejar y redirigir mejor las emociones es una de las maneras confiables de frenar los impulsos de atracones. El camino hacia este atracón de vida libre conduce a través de la atención plena. El tener atención plena es una práctica bastante simple, pero no es tan fácil, especialmente en las etapas iniciales. La simplicidad radica en el acto de prestar atención y autoconciencia. La parte difícil es el foco de autodisciplina necesario para practicar y mantener este comportamiento súper útil de manera constante. Comer consciente requerirá que tengas fe en el proceso y en ti mismo a pesar de lo imposible que pueda parecer la hazaña.

Al final, no importará cuán difíciles eran los comportamientos conscientes al principio. No importa lo aburrido que a veces te aburras o con qué frecuencia te atormentas con la confusión porque, más a menudo que no, tendrás una conexión profunda con un aspecto poderoso de ti mismo. Usted se sentirá más consciente de sus pensamientos, sentimientos y acciones que le da la ventaja cuando se trata de lidiar con el trastorno de atracones y la vida en general. La autoconciencia es una parte maravillosamente misteriosa de la existencia humana que todavía está más allá de la comprensión de los científicos e investigadores. Siempre ha estado ahí y siempre lo estará. Se encuentra en la raíz de tu existencia, siempre brillante y siempre llena de un sentido de saber. Si te encontraras perdido en el pensamiento o atrapado en las aguas oscuras profundas de la emoción más aterradora que hayas sentido, permanecerías en calma porque, en cierto nivel, eres completamente consciente de todo lo que sucede dentro y fuera de ti. Creo en ti.

Referencias

Asociación Americana de Psiquiatría. Manual Diagnóstico y Estadístico de los Trastornos Mentales, Cuarta Edición, Revisión de Texto (DSM-IV-TR). Washington, DC: Asociación Americana de Psiquiatría, 2000.

Avena, N. M. "Examinando las propiedades adictivas de comer atracones usando un modelo animal de dependencia del azúcar." Psicofarmacología Experimental y Clínica 15, no 5 (octubre de 2007)

Avena, N. M., IP Rada y B. G. Hoebel. "El azúcar y los abetos de grasa tienen diferencias notables en el comportamiento adictivo." Revista de Nutrición 139 (2009)

Avena, N. M., P. Rada y B. G. Hoebel. "Evidencia para la adicción al azúcar: efectos conductuales y neuroquímicos de la ingesta intermitente y excesiva de azúcar."

Neurociencia & Biocomportamiento Comentarios 32, No. 1 (2008)

Barnhill, John, MD, y Nadine Taylor, MS, RD. Si crees que tienes un trastorno de la alimentación. Nueva York: Dell Publishing, 1998.

Beaver, John D., Andrew D. Lawrence, Jenneke van Ditzhuijzen, Matt H. Davis, Andrew Woods y Andrew J. Calder. "Las diferencias individuales en la recompensa impulsan predecir las respuestas neuronales a las imágenes de alimentos." Journal of Neuroscience 26 (mayo de 2006)

Begley, Sharon. Entrena tu mente, cambia tu cerebro: cómo una nueva ciencia revela nuestro extraordinario potencial para transformarnos. Nueva York: Ballantine Books, 2007.

C. y John M. Neale. Psicología anormal. 8a ed. Nueva York: John Wiley & Sons, 2003.

Christine R. Maldonado y Pamela K. Wauford. "La dieta combinada y el estrés evocan respuestas exageradas a los opioides en ratas que comen atracones". Neurociencia del Comportamiento 119, No. 5 (octubre de 2005)

Dum, J., C. Gramsch y A. Herz. "Activación de piscinas de betaendorfina hipotalámica por recompensa inducida por alimentos altamente desagradables." Farmacología Bioquímica y Comportamiento 18 (1983).

Vidrio, Jay D., PhD. El animal dentro de nosotros: Lecciones sobre la vida de nuestros antepasados animales. Corona Del Mar, CA: Donington Press, 1998.

Goldberg, Elkhonon. El cerebro ejecutivo: lóbulos frontales y la mente civilizada. Nueva York: Oxford University Press, 2001.

Gurian, Michael. Nutrir la naturaleza: Comprender y apoyar la personalidad central única de su hijo. San Francisco: Jossey-Bass, 2007.

Hagan, M. M., P. C. Chandler, P. K. Wauford, R. J. Rybak y K. D. Oswald. "El papel de la comida y el hambre palantables como factores desencadenantes en un modelo animal de comer atracones inducidos por el estrés." Revista Internacional de Trastornos De la Alimentación 34 (2003): 183-197.

Heller, Tania, MD. Trastornos de la alimentación: Un manual para adolescentes, familias y maestros. Jefferson, NC: McFarland & Co., 2003.

Johnston, Anita, Ph.D. Eating in the Light of the Moon: How Women Can Transform Their Relationship with Food Through Myths, Metaphors, and Storytelling. Carlsbad, CA: Gurze Books, 1996.

Katherine, Anne. Anatomía de una adicción a los alimentos: La química cerebral de comer en exceso. Carlsbad, CA: Gurze Books, 1991.

Miller, Peter M. Atracon Breaker: Deja de comer fuera de control y pierde peso. Nueva York: Warner Books, 1999.

Moe, Barbara. Comprender las causas de una imagen corporal negativa. Nueva York: Rosen Publishing Group, 1999.

Normandi, Carol Emery y Laurelee Roark. No se trata de comida: Termina tu obsesión con la comida y el peso. Nueva York: Berkley Publishing Group, 2008.

Reba-Harrelson, L., A. Von Holle, R. M. Hamer, R. Swann, M. L. Reyes y C. M. Bulik. "Patrones y prevalencia de comportamientos desordenados de alimentación y control de peso en mujeres de 25 a 45 años." Trastornos de la alimentación y el peso 14, no 4 (diciembre de 2009).

Walsh, B. Timothy, MD y V. L. Cameron. Si su adolescente tiene un trastorno de la alimentación: un recurso esencial para los padres. Nueva York: Oxford University Press, 2005.

Welch, C. C., E. M. Kim, M. K. Grace, C. J. Billington y A. S. Levine. "La hiperfagia inducida por la palatabilidad aumenta el péptido y los niveles de dinorfina hipotalámica." Brain Research 721, (1996).

Made in the USA
Monee, IL
28 November 2021

83279598R00095